AF401719

MINISTÈRE
DE L'INSTRUCTION PUBLIQUE ET DES BEAUX-ARTS.

COMMISSION

DE LA DÉCORATION DES ÉCOLES

ET

DE L'IMAGERIE SCOLAIRE.

RAPPORTS ET PROCÈS-VERBAUX.

PARIS.

IMPRIMERIE NATIONALE.

1881

COMMISSION
DE LA DÉCORATION DES ÉCOLES
ET
DE L'IMAGERIE SCOLAIRE.

RAPPORTS ET PROCÈS-VERBAUX.

PARIS.
IMPRIMERIE NATIONALE.

1881.

MINISTÈRE
DE L'INSTRUCTION PUBLIQUE ET DES BEAUX-ARTS.

COMMISSION

DE LA DÉCORATION DES ÉCOLES
ET DE L'IMAGERIE SCOLAIRE.

RAPPORT ET ARRÊTÉ INSTITUANT LA COMMISSION.

Paris, le 12 mai 1880.

Monsieur le Ministre,

Votre administration a été saisie depuis quelque temps d'un certain nombre de propositions dont l'examen mérite une attention particulière.

D'une part, on vous demande si, au moment où des milliers d'écoles se construisent, il n'y aurait pas intérêt à faire examiner divers modes de décoration murale des locaux scolaires (peintures et cartes à fresque, dessins, tableaux d'enseignement historique et scientifique, etc.).

D'autre part, dans beaucoup de villes, chefs-lieux de département, d'arrondissement ou de canton, il s'organise, en ce moment, soit par souscription, soit par les libéralités des particuliers et des conseils municipaux, de petits musées scolaires ouverts au public; et l'on peut se demander si, à côté des petites collections destinées à l'enseignement proprement dit, il n'y aurait pas lieu d'y envoyer de votre part, à titre d'encouragement, un choix d'objets pouvant servir à inaugurer une sorte de premier enseignement artistique tout à fait populaire et purement intuitif, par exemple, des albums contenant la reproduction des principaux chefs-d'œuvre de la peinture, de la sculpture, de l'architecture ou encore des séries de sujets choisis pour les projections photographiques.

Enfin, et là même où les deux propositions qui précèdent ne pourraient être suivies d'effet, ne conviendrait-il pas de réformer l'imagerie scolaire et enfantine et d'en tirer tous les services qu'elle peut rendre indirectement à l'instruction populaire.

1.

Serait-il impossible de substituer aux grossières enluminures, aux images niaises, aux bons points, et aux accessits en papier gaufré, une ou plusieurs séries de récompenses consistant en bonnes gravures de grandeur différente, depuis celle qui servirait de récompense hebdomadaire ou mensuelle jusqu'à la grande feuille reproduisant, par exemple, un des chefs-d'œuvre de la chalcographie du Louvre, qui serait donnée en prix, et qui, soigneusement conservée par les familles, introduirait dans les plus humbles demeures comme un reflet des musées ? Notre histoire, en particulier, ne pourrait-elle pas être presque tout entière illustrée de la sorte ; cette diffusion par l'imagerie populaire des plus grands souvenirs de notre vie publique ne tentera-t-elle pas des artistes distingués ? Les ressources inappréciables dont dispose l'Administration des beaux-arts ne vous permettraient-elles pas de donner une impulsion puissante à cette forme nouvelle de l'instruction et de l'éducation nationale ?

Quoi qu'il en soit, je suis sûr, Monsieur le Ministre, de répondre à vos intentions en vous proposant de ne pas laisser perdre dans l'isolement et dans l'indécision les forces et les bonnes volontés qui ne demandent qu'à être dirigées. Conformément à la marche que vous avez choisie jusqu'ici pour vos divers projets de réforme, j'ai l'honneur de vous demander de vouloir bien soumettre à une Commission spéciale l'étude des diverses questions qui se rapportent à ce qu'on pourrait appeler *l'enseignement par l'image* dans l'école ou dans la famille. Cette Commission, où devraient être représentées les compétences très diverses qu'exige cette étude, pourrait examiner les projets qui vous sont déjà ou qui vous seraient prochainement soumis par les auteurs et les éditeurs, provoquer de nouveaux efforts dans un sens bien déterminé, peut-être même vous demander de mettre au concours un certain nombre de travaux.

Si vous agréez cette proposition, je vous prierai de vouloir bien revêtir de votre signature le projet d'arrêté ci-joint et de désigner les membres qui composeraient la Commission.

Veuillez agréer, Monsieur le Ministre, l'hommage de mon respectueux dévouement.

Le Directeur de l'Enseignement primaire,

Signé : F. BUISSON.

ARRÊTÉ.

Le Ministre de l'instruction publique et des beaux-arts,
Sur le rapport du Directeur de l'Enseignement primaire, en date du 12 mai 1880,

Arrête :

Article premier. — Il est institué, au Ministère de l'instruction publique, une commission chargée d'étudier les diverses questions relatives :

1° A la décoration des écoles au moyen de tableaux, peintures, cartes, dessins ;

2° A la constitution de petites collections artistiques destinées aux musées scolaires ;

3° Au choix de séries de gravures destinées à être données en récompense aux enfants des écoles.

Art. 2. — Cette commission est composée ainsi qu'il suit :

MM. le Ministre de l'instruction publique et des beaux-arts, *Président ;*
Le Sous-Secrétaire d'État au département des beaux-arts, *Vice-Président ;*
De Baudot, inspecteur général des édifices diocésains, membre de la Commission des monuments historiques ;
Berger, inspecteur général, directeur du musée pédagogique ;
Bert, député, membre du Conseil supérieur ;
Charles Bigot, publiciste ;
Buisson, inspecteur général, directeur de l'enseignement primaire ;
Charton, sénateur ;
Delaborde, membre de l'Institut ;
Paul Dubois, directeur de l'École des beaux-arts, membre du Conseil supérieur ;
Gréard, vice-recteur de l'Académie de Paris, membre de l'Institut ;
Guillaume, membre de l'Institut ;
Hauréau, membre de l'Institut, directeur de l'Imprimerie nationale ;
Henri Havard, publiciste ;
Janssen, membre de l'Institut, directeur de l'Observatoire d'astronomie physique de Meudon ;
Le Bourgeois, inspecteur général,
Henri Martin, sénateur ;
Paul Mantz, sous-directeur au Ministère de l'intérieur ;
Maze, député ;
Stanislas Meunier, aide-naturaliste au Muséum ;

MM. G. Monod, maître de conférences à l'École normale supérieure, directeur adjoint
à l'École des hautes études;

Müntz, bibliothécaire de l'École des beaux-arts ;

Félix Pécaut, inspecteur général, directeur de l'École normale supérieure d'institutrices;

Pillet, inspecteur du dessin ;

Antonin Proust, député ;

Riu, colonel;

De Ronchaud, secrétaire général de l'Administration des beaux-arts ;

Émile Trélat, directeur de l'École d'architecture ;

Zévort, conseiller d'État, directeur de l'enseignement secondaire;

E. Pelletier, licencié ès lettres et en droit, sous-chef adjoint à l'Administration
centrale, *Secrétaire*. (Arrêté du 27 mai 1880 et arrêté complémentaire du
21 janvier 1881.)

RAPPORT

DE LA PREMIÈRE SOUS-COMMISSION.

(DÉCORATION MURALE.)

RÉSOLUTIONS ADOPTÉES POUR LES ÉCOLES PRIMAIRES

(Séances des 2, 7 et 11 février 1881.)

TITRE Ier. — *Architecture.*

1. Une exposition sera ouverte tous les ans à l'effet d'arriver à la création de modèles d'écoles primaires applicables à la France et à l'Algérie.

Pourront être acceptés dans cette exposition : 1° des plans d'écoles construites ou en voie de construction; 2° des projets d'écoles conçus par leurs auteurs en vue d'une exécution possible.

2. Les projets devront varier avec les régions auxquelles on supposera qu'ils peuvent s'appliquer. On devra tenir compte, dans leur composition, des conditions climatériques, de la nature des matériaux de ces régions et des usages de leurs habitants.

Les six villes de Lille, Paris, Lyon, Bordeaux, Marseille et Alger en seront prises comme centres.

3. Les plans et les projets envoyés seront complètement étudiés tant au point de vue de la composition qu'à celui de la construction de l'ameublement et de la décoration.

Le prix de revient et les devis estimatifs seront détaillés avec précision et constitueront l'un des éléments les plus sérieux de l'appréciation du jury.

4. Pour les emplacements et les dimensions des salles et des différentes parties de l'édifice, pour les aménagements intérieurs et pour le mobilier, les auteurs des plans et des projets devront se conformer autant que possible au règlement du 17 juin 1880 pour la construction et l'ameublement de maisons d'école. S'ils s'en écartent, ils devront donner la justification de leurs idées personnelles.

Pour la décoration, ils tiendront compte des résolutions proposées par la Commission chargée d'étudier les questions relatives à la décoration des bâtiments scolaires.

5. Un programme des conditions auxquelles les projets devront satisfaire sera préparé par les soins de l'Administration.

Ce programme indiquera, entre autres conditions, les catégories diverses des écoles proposées à l'étude et les chiffres de dépense qu'il ne sera pas permis de dépasser.

6. Les résultats de cette exposition seront jugés par une commission nommée par le Ministre. Ladite commission acquerra les meilleurs plans ou projets. Les plus remarquables pourront, en outre, être l'objet de prix qui seront, autant que possible, répartis entre les catégories d'écoles proposées à l'étude par l'Administration.

7. Les plans et les projets distingués par la Commission seront publiés, ainsi que les devis, et formeront un recueil qui sera recommandé aux architectes chargés de constructions nouvelles comme étant de nature à les guider.

Une somme de......... sera consacrée annuellement à ces prix, à ces achats de projets et à cette publication.

Titre II. — Décoration murales.

8. Les décorations murales dans les écoles primaires seront de deux sortes : les décorations mobiles et les décorations fixes.

9. Les décorations mobiles destinées aux classes comprendront : les cartes de géographie et les tableaux relatifs au système métrique, à l'histoire naturelle, aux procédés de l'industrie, à ceux de l'agriculture et de l'horticulture et aux éléments de la construction.

Des emplacements suffisamment vastes, bien éclairés, bien en vue des élèves, seront réservés sur les surfaces des murs pour recevoir ces décorations mobiles.

10. Les surfaces murales des classes, s'il en existe dans des situations favorables en dehors des emplacements précédents, pourront recevoir des décorations fixes d'ordre artistique, tels que : moulages, bustes, faïences émaillées, etc.

11. Les plafonds seront utilement décorés par l'image des principales constellations. Une ligne tracée dans la direction du nord indiquera en même temps la position de l'étoile polaire et l'orientation de la salle.

12. Les décorations fixes seront spécialement applicables aux préaux, galeries de circulation et façades intérieures des écoles.

Les procédés employés pour leur exécution devront en assurer la durée.

Pour cet objet, la céramique est particulièrement convenable. Les sujets traités par ce procédé ne seront pas obtenus par reports photographiques sur faïence émaillée. Ils seront exécutés conformément aux conditions essentielles de l'art du céramiste.

Comme exemples de ces décorations on prendra : des ornements de toutes les époques, des profils de vases, des moulures, des lettres ornées, des portraits de personnages remarquables, particulièrement de ceux qui ont honoré la région.

13. Pour le choix de ces décorations mobiles ou fixes, on se montrera d'une sévérité rigoureuse en excluant tout ce qui serait de nature à fausser le goût des enfants.

RÉSOLUTIONS ADOPTÉES POUR LES LYCÉES ET LES COLLÈGES.

(Séances des 14 et 21 février 1881.)

Titre Ier. — *Architecture.*

1. Un concours sera ouvert entre les architectes français, à l'effet d'arriver à la création de modèles de lycées ou de collèges applicables à la France et à l'Algérie.

2. Ces modèles varieront avec les régions auxquelles on supposera qu'ils peuvent s'appliquer.

On devra tenir compte dans leur composition des conditions climatériques, de la nature des matériaux, des usages des habitants de ces régions et aussi du nombre des élèves pensionnaires, demi-pensionnaires et externes pour lesquels l'édifice sera conçu.

Les six villes de Lille, Paris, Lyon, Bordeaux, Marseille et Alger seront prises comme centres de ces régions.

3. L'Administration rédigera, en lui donnant tous les développements nécessaires, le programme pédagogique du concours.

Elle indiquera dans son ensemble et dans ses détails le nombre des élèves qui pourront peupler le lycée et les différentes classes et fera connaître, quant aux différents services, ce qu'elle considère comme un minimum au-dessous duquel il serait mauvais de se tenir.

Les concurrents, tout en se conformant à ces données imposées par l'Administration, pourront développer et interpréter le programme comme ils l'entendront.

4. Pour les décorations murales, ils devron se conformer autant que possible aux conclusions formulées par la Commission de la décoration des bâtiments scolaires.

2

S'ils s'en écartent, ils devront donner la justification de leurs idées personnelles.

5. Les projets seront exposés et seront jugés par une Commission nommée à cet effet par M. le Ministre de l'instruction publique et des beaux-arts.

Des prix seront décernés aux plus remarquables. La Commission déterminera, en outre, ceux de ces projets qui, sans être l'objet de prix, devront être achetés par l'Administration.

Les projets ainsi primés ou achetés feront l'objet d'une publication.

TITRE II. — Salles et emplacements réservés aux décorations murales.
Nature de ces décorations,

6. Les décorations murales dans les lycées et collèges seront de deux sortes : les décorations mobiles et les décorations fixes.

7. Les décorations murales comprendront, pour les classes inférieures :

Les tableaux relatifs au système métrique, à l'histoire naturelle, aux éléments de la construction, aux procédés de la culture ou de l'industrie, ainsi que les cartes de géographie et de cosmographie.

Pour les classes moyennes et supérieures, outre les tableaux précédents :

1° Les reproductions des chefs-d'œuvre de l'architecture, de la peinture et de la sculpture;

2° Les sujets de nature à intéresser les élèves aux faits principaux de notre histoire nationale, à les frapper par des actes de patriotisme ou à développer chez eux les sentiments de haute morale;

3° Les portraits des hommes célèbres et particulièrement de ceux dont les noms se présentent dans le cours des études classiques;

8. Ces décorations, quel que soit le procédé employé pour leur exécution, ne laisseront rien à désirer au point de vue du goût. Les originaux d'après lesquels elles seront faites seront empruntés à nos musées ou commandés, s'il y a lieu, à nos meilleurs artistes.

9. Les galeries de circulation qui seront closes recevront, dans des cadres placés à hauteur de l'œil, des estampes, des photographies ou des chromo-lithographies.

Les sujets de ces décorations seront les reproductions des chefs-d'œuvre artistiques de toutes les époques.

Ils seront renouvelés fréquemment.

Les parois murales placées au-dessus pourront recevoir des moulages.

10. Les salles de classe et d'études, les portiques à air libre et les préaux couverts seront décorés par des moulages, par des décorations céramiques ou par des peintures.

Les moulages consisteront :

1° En portraits (ronde bosse ou bas-relief) des personnages dont les noms apparaissent dans le cours des études classiques :

2° En fragments de sculpture empruntés aux plus belles époques de l'art ;

3° En fragments d'architecture tirés des édifices les plus remarquables.

Dans la répartition de ces moulages sur les surfaces murales on devra moins s'attacher à les placer en grand nombre qu'à les distribuer de manière à en faire valoir toutes les beautés. La couleur du fond sur lequel ils se détacheront, la manière dont ils seront éclairés aux heures de la journée pendant lesquelles ils seront observés, les objets de même nature auprès desquels ils seront placés et avec lesquels ils devront former un ensemble harmonieux et concordant devront, avant tout, préoccuper l'architecte chargé de les mettre en place.

11. Les décorations céramiques conviendront également aux façades intérieures. Les sujets ainsi traités ne seront pas obtenus par reports photographiques sur faïence émaillée. Ils seront exécutés conformément aux conditions essentielles de l'art du céramiste. Comme exemples de ces décorations : on prendra des ornements de toutes les époques, des profils de vases, des moulures, des lettres ornées, des figures décoratives, les portraits des personnages qui ont honoré leur pays.

12. Tous les motifs de décoration murales, gravures, photographies, peintures, moulages, etc. provenant de sources connues porteront l'indication écrite de leur origine et de ce qu'ils représentent.

13. Les parloirs recevront particulièrement des décorations peintes ayant rapport à l'histoire du lycée, du collège, ou de la ville où se trouve l'établissement scolaire. Ces tableaux spéciaux seront exécutés sur commande par des artistes que l'Administration des beaux-arts désignera. Ils pourront, le cas échéant, être copiés dans nos musées.

On placera également dans les parloirs les portraits des hommes remarquables de la région, ceux des anciens élèves devenus célèbres.

14. Les réfectoires recevront des moulages, des décorations céramiques et, en plus, des peintures et des reproductions de tableaux.

Les sujets de ces dernières décorations seront empruntés soit à l'histoire générale de notre pays, soit à celle des grands hommes dont la vie peut être proposée comme modèle aux élèves, soit à l'histoire des grandes découvertes.

2.

La reproduction en sera faite par copies peintes, par la tapisserie ou par des procédés de grandissement.

15. Il est à désirer que l'Administration des beaux-arts, pour l'exécution des copies peintes et des tableaux originaux qui devront décorer les parloirs ou les réfectoires, crée des ressources nouvelles, analogues à celles qu'elle attribue chaque année aux achats et aux commandes de tableaux et de copies.

16. Ces résolutions sont applicables aux établissements primaires supérieurs, tels que les écoles normales primaires et les écoles primaires supérieures.

RAPPORT

DE LA DEUXIÈME SOUS-COMMISSION.

(IMAGERIE SCOLAIRE.)

(Séances du 28 février, des 14 et 21 mars 1881.)

RESOLUTIONS ADOPTÉES.

1. L'imagerie scolaire comprend les estampes ou photographies destinées à être distribuées comme prix, accessits, bonnes notes, bons points ou autres récompenses.

2. Ces estampes ou photographies pourront être commandées directement ou choisies parmi les spécimens présentés par l'industrie privée.

3. Une Commission spéciale et permanente sera chargée d'examiner ces derniers au point de vue des souscriptions dont ils pourront être l'objet de la part du Ministère de l'instruction publique. La Commission indiquera aux artistes et aux éditeurs dans quel sens leurs efforts devront être dirigés.

4. Chacune des estampes ou photographies adoptées par la Commission pourra être revêtue de la mention : Honorée d'une souscription du Ministère de l'instruction publique, à la condition, toutefois, de joindre à cette mention la date à laquelle la souscription aura été accordée.

5. Un avis inséré au *Journal officiel* fera connaître la création et les attributions de la Commission permanente.

Titre Iᵉʳ. — *Prix et accessits.*

1. Les estampes et photographies destinées aux prix et aux accessits devront reproduire, autant que possible, des œuvres d'art consacrées par l'admiration générale. On s'attachera, de préférence, aux compositions qui unissent l'intérêt du sujet à la perfection du style.

2. Les prix consisteront en un portefeuille renfermant plusieurs estampes, ou bien en une estampe unique destiuée à être encadrée.

3. A côté des chefs-d'œuvre de la peinture, on admettra ceux de l'architecture, de la sculpture et des arts décoratifs.

Ces dernières reproductions devront, de préférence, être appropriées anx industries d'art spécialement représentées dans chaque région.

4. Les accessits comprendront des estampes en plus petit nombre ou d'un format plus réduit.

Titre II. — Bonnes notes et bons points.

1. Dans le choix des bonnes notes et des bons points, on tiendra compte principalement des besoins de l'enseignement et de l'éducation.

RAPPORT

DE LA TROISIÈME SOUS-COMMISSION.

(MUSÉES SCOLAIRES D'ART.)

(Séances des 7 et 14 mars 1881.)

RÉSOLUTIONS ADOPTÉES.

A. — *Écoles primaires.*

1. Des musées scolaires d'art seront créés dans les écoles primaires communales de garçons et de filles.

2. Le musée scolaire d'art sera composé d'un certain nombre de reproductions d'œuvres d'art.

3. Il y aura un musée scolaire d'art dans chaque école, dans la salle de classe.

4. Sans rien vouloir prescrire d'une façon absolue, la Commission recommande, comme un *minimum*, pour l'installation du musée scolaire d'art, la disposition suivante :

Un meuble conforme au modèle ci-joint (voir le dessin annexé[1]), sera placé dans la salle de classe.

La partie inférieure du meuble est destinée à conserver le matériel nécessaire à l'enseignement du dessin. Les deux tiroirs sont consacrés aux estampes, photographies, médailles, monnaies et autres menus objets artistiques. Sur le meuble seront placés : au centre, le moulage d'une statue ; à droite et à gauche, deux bustes. Au-dessus du meuble, assez haut pour que la statue ne nuise pas à la vue, un bas-relief ou une frise décorative sera disposée sur la muraille. À droite et à gauche, deux chapiteaux ou deux ornements compléteront le petit musée artistique continuellement offert aux yeux de l'enfant.

Si la disposition de l'école ne permettait pas l'installation du meuble indiqué, deux petits meubles, placés dans les angles de la salle de classe et surmontés de moulages, pourraient remplir le même office.

---

[1] M. le colonel Riu avait tracé un croquis, qui avait été annexé au rapport, des deux modèles adoptés par la sous-commission.

5. Chaque fois que les resources de l'école le permettront, le musée scolaire d'art sera constitué, autant que possible, de la façon suivante :

Le meuble, conforme au modèle ci-joint (voir le dessin n° 2), se compose, outre la partie inférieure fermée et les tiroirs, d'une partie supérieure disposée en étagère à un ou à deux rayons. Sa hauteur totale n'excédera pas 1ᵐ,70 environ. Sur la tablette supérieure de l'étagère seront disposés : au centre, le moulage d'un vase antique : à droite et à gauche, deux bustes ou deux chapiteaux; à droite et à gauche de la partie supérieure du meuble, deux consoles supporteront deux statues. Au-dessus de cet ensemble sera attachée, à la muraille, une frise décorative; un bas-relief pourra aussi occuper cette place. Les tablettes de l'étagère serviront pour y poser les objets céramiques, les médaillons, les ornements ou les moulages d'objets d'art de petites dimensions.

Les dispositions particulières atteignant le même résultat seront également admises.

6. Lorsqu'il existera plusieurs classes dans une école, chacune d'elles devra posséder son musée scolaire d'art particulier.

7. Les modèles admis dans les musées scolaires d'art devront toujours être irréprochables au point de vue du goût. Les moulages seront choisis dans les séries publiées par le Ministère des beaux-arts et approuvées par l'administration de l'Université ; les estampes et les photographies parmi celles qui reproduisent les œuvres des maîtres, les scènes de l'histoire de France, les portraits des hommes illustres qui ont honoré la région et les vues des monuments. Ces estampes devront toujours être choisies parmi les modèles du Ministère ou approuvées par l'Administration.

8. Pour la classe ou les classes supérieures, lorsqu'il y aura plusieurs classes dans une même école, l'ensemble des moulages, gravures, estampes, photographies, objets d'art divers constituera, autant que possible, une histoire abrégée de l'art et des principales écoles artistiques.

9. Tout objet introduit dans les musées d'art scolaires portera un cartel indiquant le sujet, l'origine et, quand il se pourra, le nom de l'auteur et l'époque où il a vécu.

10. La conservation des musées d'art scolaires est confiée à l'instituteur. Celui-ci s'adjoindra, s'il le juge à propos, un élève chargé avec lui des soins à donner à la collection.

11. Dans les écoles de jeunes filles il sera introduit, quand il se pourra, des modèles artistiques de broderie, de tapisserie et des divers travaux à l'aiguille que les élèves sont appelées à exécuter.

12. La Commission émet le vœu de voir constituer au Ministère un Comité permanent ayant pour mission spéciale de choisir les objets de toute nature qui pourront trouver leur place dans les musées d'art scolaires, et faire exécuter par le Ministère les moulages, gravures ou photographies qui lui paraîtraient dignes d'y être introduits, d'approuver les entreprises dues à l'initiative privée qui mériteraient le même honneur.

B. — *Lycées et collèges.*

13. Pour les lycées et collèges où le *minimum* seulement pourra être introduit, il convient d'adopter les mêmes dispositions que pour les écoles primaires.

14. Dans beaucoup de ces établissements, une salle spéciale pourra être affectée au musée. On y réunira les moulages, les estampes, les médailles, etc. L'idée de l'histoire de l'art devra présider à la composition de la collection, qui formera un complément précieux pour l'enseignement de l'histoire en général.

15. Il est à souhaiter que le professeur y conduise lui-même les élèves, ou encore, pour les objets de petite dimension, qu'on les apporte à l'occasion dans la classe.

3

RAPPORT

DE LA QUATRIÈME SOUS-COMMISSION.

(PROJECTIONS LUMINEUSES.)

(Séance du 21 mars 1881.)

RÉSOLUTIONS ADOPTÉES.

A. — *Écoles primaires.*

1. Relativement à l'appareil propre aux projections, il paraît convenable de conseiller provisoirement le *lampascope*, dont le prix est peu élevé et le maniement très facile.

2. Il faudra provoquer la construction d'une lanterne plus parfaite quoique très simple, construite sans luxe, et qui, vu le grand nombre qu'on en prendrait, pourrait sans doute être établie pour un prix très minime.

Il est important que ce modèle *primaire* se rapproche autant que possible, pour la forme, de la lanterne adoptée pour les écoles normales, afin que les maîtres ne soient pas désorientés au moment de s'en servir.

3. La Commission est unanime pour émettre le vœu que les architectes soient invités à se préoccuper des moyens de faire la nuit dans la salle de classe, facilement et toutes les fois que les besoins de l'enseignement réclameront l'emploi des projections.

Le système qui paraît le plus convenable pour parvenir à ce but est l'établissement d'un rideau en étoffe opaque, glissant sur une tringle, en avant des fenêtres.

4. Il faudra, dans la classe, disposer un écran blanc qui pourrait être développé sur le tableau noir au moment des projections et roulé au-dessus de lui à la façon d'un store dans les moments de repos.

5. Chaque école primaire devra être pourvue d'un certain nombre de dessins sur verre, photographies, etc., de nature à être projetés et constituant une collection fondamentale et obligatoire.

Il y aura lieu de déterminer avec soin les objets qui feront partie de cette collection.

3.

6. L'instituteur sera invité à créer lui-même un certain nombre de pièces de projection.

Une instruction sera rédigée relativement au procédé à suivre pour l'obtention de ces pièces et relativement aussi au choix des objets.

7. Les écoles normales seront chargées de confectionner et de réunir, pour les envoyer dans les écoles primaires, des sujets d'un intérêt actuel.

B. — *Écoles normales et Collèges communaux.*

1. Outre l'appareil déjà adopté et faisant partie du matériel obligatoire des écoles normales, il y aura dans ces établissements un appareil conforme au modèle destiné aux écoles primaires.

2. Il y aura lieu d'adopter des dispositions analogues à celles décrites plus haut (A. 3 et 4) pour les rideaux de fermeture des fenêtres et pour les écrans.

3. Les objets à projeter formeront, dans les écoles normales et dans les collèges communaux, des séries beaucoup plus riches que dans l'école primaire.

Pour les écoles normales ils seront répartis en deux séries formant, la première un fonds ; la seconde une collection roulante, comprenant les actualités scientifiques, géographiques et autres, destinées à être communiquées aux écoles primaires du département.

4. Chaque école normale sera en rapport continu avec le musée pédagogique, pour les modifications à introduire dans cette double série.

5. Comme dans l'école primaire, il sera procédé dans l'école normale et dans le collège communal à la préparation d'objets propres à être projetés.

C. — *Lycées.*

1. Relativement aux lycées, la Commission émet le vœu que l'appareil à projection fasse partie obligatoire du matériel des classes à tous les degrés.

2. Elle pense que l'Administration doit prendre des mesures pour que l'obscurité nécessaire au fonctionnement de l'appareil puisse être obtenue rapidement, de manière que les projections entrent dans les démonstrations courantes de chaque leçon.

3. Elle réclame d'ailleurs un éclairage plus énergique que pour les établissements d'enseignement primaire, de façon à ne pas nécessiter une obscurité absolue qui ne serait pas sans inconvénient dans la classe.

La lumière oxhydrique, grâce aux appareils actuels de fabrication de l'oxygène, est tout à fait pratique et doit être recommandée.

4. Il y aura lieu de déterminer avec beaucoup de soin les objets à projeter devant entrer dans le matériel des classes et qui devront en partie être préparés dans les lycées eux-mêmes.

RAPPORT

PRÉSENTÉ

À M. LE MINISTRE DE L'INSTRUCTION PUBLIQUE ET DES BEAUX-ARTS,

LE 11 AVRIL 1881,

AU NOM

DE LA COMMISSION DE LA DÉCORATION DES ÉCOLES

ET DE L'IMAGERIE SCOLAIRE.

MONSIEUR LE MINISTRE,

Vous avez institué, au mois de juin 1880, une Commission, à laquelle vous avez donné le titre de *Commission de la décoration des écoles et de l'imagerie scolaire.*

En réunissant pour la première fois cette Commission le vendredi 2 juillet 1880, vous avez, Monsieur le Ministre, exposé ce que vous attendiez d'elle et déterminé ses attributions.

L'art n'est pas seulement, disiez-vous, une source de jouissances délicates, il est aussi un puissant instrument d'éducation populaire, instrument trop négligé dans notre pays, où la culture artistique a été si longtemps considérée comme un simple luxe de l'esprit, réservé à quelques privilégiés.

Vous invitiez donc la Commission à étudier les moyens d'introduire dans notre enseignement à tous ses degrés le fécond enseignement du beau. Vous l'invitiez en même temps à vous donner son avis sur un certain nombre d'objets présentés par divers éditeurs en vue de ce résultat et destinés, soit à la décoration murale des écoles, soit à être donnés aux élèves tantôt comme bons points, tantôt comme récompenses scolaires, et à vous désigner parmi ces objets ceux qui mériteraient l'approbation ou les encouragements du Ministère de l'Instruction publique. Le Conseil supérieur peut seul, d'après la loi, fermer la porte de nos écoles à une publication qu'il juge immorale ou indigne : cette attribution de haute police pédagogique lui est justement réservée ; mais c'est le devoir comme le rôle de l'Administration, lorsqu'elle rencontre une publication utile et intéressante, de la recommander et de lui accorder les faveurs dont elle dispose.

La Commission instituée par vous, Monsieur le Ministre, s'est mise aussitôt à l'œuvre ; elle peut dire, sans fausse modestie, que le zèle de ses membres ne lui a pas fait défaut : elle s'est partagée en sous-commissions pour mieux étudier dans leur détail chacune des questions que renfermait cet important programme ; les propositions de chaque sous-commission ont fait ensuite l'objet de discussions approfondies au sein de la Commission plénière. Parvenue aujourd'hui au terme de ses travaux, elle a l'honneur de vous présenter les résultats auxquels ces travaux l'ont conduite.

I.

Le premier besoin de la Commission, Monsieur le Ministre, est de vous remercier de l'avoir associée à l'entreprise que vous avez conçue. C'est un honneur dont chacun de ses membres est fier. Il ne s'agit pas ici simplement d'une de ces réformes de détail dans l'instruction publique, toutes utiles, toutes souhaitables, toutes fécondes mais dont l'action est limitée par leur caractère même : la réforme dont il s'agit aujourd'hui porte sur l'ensemble de notre éducation nationale ; si elle a le bonheur d'être accomplie, c'est cette éducation tout entière qui se trouvera du coup transformée et, nous osons le dire, ennoblie.

L'humanité ne vit pas seulement de pain ; vous avez rappelé cette belle parole, Monsieur le Ministre, et la Commission aime à la rappeler après vous. C'est, à coup sûr, un heureux signe de notre temps de voir la richesse publique et privée s'accroître d'année en année, la vie devenue à tous plus douce et plus facile ; mais, si le dernier mot de cette prospérité matérielle devait être la prospérité matérielle elle-même, ce progrès seul serait peu de chose : ce serait calomnier notre race de la croire capable de s'en contenter.

Depuis qu'il est des sociétés sur la terre, aucune ne s'est passée d'idéal : le degré plus ou moins haut où elles ont placé cet idéal a marqué le rang qu'elle occupent dans l'histoire.

L'humanité vit de trois grands sentiments : le culte de la vertu, le culte de la vérité, le culte de la beauté. Elle va d'elle-même poussée par un irrésistible instinct à tout ce qui lui apparaît comme le vrai, comme le beau, comme le bien. Elle ne peut pas plus se refuser à cet appel qu'elle ne peut dépouiller sa propre nature. C'est ce triple sentiment qui a fait la civilisation tout entière ; le vrai nom du progrès, c'est l'effort accompli au travers de mille luttes tragiques pour approcher plus près de la vérité, pour atteindre mieux la justice, pour mieux exprimer la beauté : cet effort fait l'intérêt du spectacle de l'histoire, comme c'est la diversité des formules où chaque âge a cru pouvoir enfermer tour à tour l'idée du beau, l'idée du juste, l'idée du vrai, qui en fait l'infinie variété.

Rien n'a été fait de grand sur la terre que par l'effet d'un de ces trois sentiments ; chacun d'eux a eu ses apôtres, ses héros, ses martyrs. La postérité reconnaissante place également dans son Panthéon et honore d'un culte pieux les savants, les artistes, les saints, ces glorieux exemplaires de l'humanité. Il est une hauteur sereine de la pensée où ces trois idées de la vérité, de la beauté, de la vertu se réunissent et semblent à peine pouvoir se distinguer l'une de l'autre : ç'a été l'honneur de la philosophie grecque de l'avoir montré la première ; mais il est un autre lieu encore où se rassemblent et se confondent aussi, pour ainsi dire, la beauté, la vérité et la vertu : c'est la conscience. Une généreuse action accomplie, une noble vérité montrée à l'intelligence, un magnifique spectacle offert aux yeux, émeuvent l'âme pareillement : ils la soulèvent pareillement au-dessus des voluptés vulgaires ou des calculs mesquins de l'égoïsme ; ils y provoquent le même élan généreux ; ils lui font également sentir sa dignité.

C'est le rôle de l'éducation de s'emparer de l'homme tout entier et de s'emparer de lui pour le faire homme plus complètement. Ce que la nature fait au hasard et comme à tâtons, l'éducation l'accomplit avec suite, avec méthode, elle peut l'accomplir sûrement ; et cette puissance à se façonner par une sage culture, cette faculté de découvrir les lois qui la régissent et de leur obéir volontairement n'est pas le moindre honneur de l'humanité.

Cependant, que voyons-nous si nous jetons un regard sur ce qu'a été l'éducation publique dans notre pays jusqu'en cette seconde moitié du dix-neuvième siècle ?

Des trois instincts généreux qui conduisent l'humanité, l'un, le désir de connaître la vérité, a depuis longtemps vu ses bienfaits reconnus, ses droits proclamés. La science est la maîtresse de notre instruction publique à tous degrés. A part quelques esprits attardés, personne aujourd'hui ne glorifie plus l'ignorance.

L'éducation n'a pas dédaigné la culture morale. Dè tout temps on a reconnu que la vertu était aussi nécessaire aux sociétés qu'aux individus. L'éducation publique ne s'est pas fiée aux seules familles pour enseigner le devoir. Elle a tenu à élever les cœurs par de nobles préceptes, par la contagion des beaux exemples ; elle a précieusement recueilli dans l'histoire les traits illustres qui montrent la vertu en action, dans la littérature ou la poésie les pages qui l'ont mise en lumière et glorifiée.

Cet enseignement vient d'être complété, et à bon droit, par l'établissement d'un cours de morale publique et privée qui occupe désormais sa place jusque dans nos écoles primaires, comme il l'avait déjà dans nos établissements d'instruction secondaire.

Comment se fait-il qu'ayant si bien compris l'importance de l'instruction, l'importance de la culture morale, l'éducation publique ait jusqu'à ce jour si complètement négligé de s'emparer de cet instinct de la beauté qui est au fond de toutes les âmes ? Il n'est pas moins noble cependant en son principe, il n'est pas moins puissant en ses effets. Et l'on peut ajouter quelque chose encore : c'est que, dans un siècle où la préoccupation du bonheur est devenue l'un des grands soucis des hommes, c'est l'art peut-être qui peut leur procurer les jouissances à la fois les plus complètes, les plus délicates et les plus pures, c'est lui aussi qui peut compenser certains périls de la prospérité matérielle et enseigner à mettre les satisfactions de l'esprit au-dessus des voluptés des sens.

Il ne faut rien exagérer cependant. L'art n'était point jusqu'en ces temps derniers absolument banni de l'éducation française. Il est un art, et non le moindre, qui n'a jamais cessé d'avoir sa place dans l'enseignement public : c'est la littérature. La société française lui a dû la meilleure partie de sa gloire et de sa valeur intellectuelle et morale. Il ne s'agit ici ni de rabaisser la littérature ni de la faire déchoir. Mais deux choses sont également vraies à dire : l'une que la littérature est seulement une des formes de l'art et non pas l'art tout entier ; l'autre, que cette influence esthétique de la littérature, toute bienfaisante et féconde qu'elle ait été, ne s'est exercée dans nos écoles publiques que pour un petit nombre.

Nous avons eu, nous avons toujours dans nos collèges, dans nos facultés, d'éminents professeurs qui savent expliquer et commenter excellemment un texte grec, latin ou français, soulever les cœurs avec une page d'Homère, de Sophocle, de Virgile, de Tacite, de Bossuet ou de Racine. Ils auront à leur tour de dignes successeurs. Mais est-ce assez et est-ce tout ?

L'éloquence, l'histoire, la poésie épique, lyrique ou dramatique, ont sans doute produit dans les temps modernes comme dans les temps anciens de magnifiques chefs-d'œuvre ; il ne faudra point se lasser d'inviter la jeunesse à les admirer. Mais tous les esprits ne sont pas faits pour goûter et pour comprendre la beauté littéraire ; tous les professeurs pourraient attester cette vérité. Peut-être même la littérature est-elle de toutes les formes de l'art celle qui demande, pour être pleinement sentie, les facultés les plus délicates et les plus rares, précisément parce qu'elle s'adresse aux sens moins directement que toutes les autres. Les deux portes par lesquelles la beauté frappe le plus vivement toutes les intelligences, c'est l'œil et c'est l'oreille, ces deux principaux organes de la perception extérieure. La musique, qui s'adresse à l'oreille, le dessin, le relief, la couleur, qui parlent aux yeux, sont plus encore peut-être que la littérature les éducateurs naturels du sentiment de la beauté. C'est seulement lorsque notre instruction publique aura fait dans ses programmes une part aux arts plastiques et à la musique aussi bien qu'à la littérature qu'elle pourra dire vraiment qu'elle a fait ce qui dépendait d'elle pour développer chez la jeunesse le culte noble du beau. Il se trouvera alors que les uns sentiront mieux la beauté dans la littérature, d'autres dans la musique, d'autres dans les arts du dessin : selon les facultés diverses, les uns et les autres iront où leur génie les appelle ; bien peu seront indifférents à la beauté sous ses aspects divers : les mieux doués la comprendront également sous toutes ses formes ; l'éducation publique aura fait tout ce qui dépendait d'elle pour leur venir en aide et ennoblir l'humanité.

II.

Telles étaient, Monsieur le Ministre, les pensées qui vous animaient. Quelque chose a été fait pour la musique en ces dernières années ; quelque chose également pour les arts du dessin, mais beaucoup reste à faire. Le dessin comme la musique ont été bien longtemps considérés comme formant une éducation particulière qui se donnait en des écoles spéciales, utile seulement à ceux qui se destinaient à être artistes eux-mêmes, compositeurs, chanteurs, exécutants, architectes, peintres, sculpteurs, graveurs, décorateurs, ornemanistes, ou encore à ces privilégiés de la fortune et de l'éducation auxquels leurs loisirs permettaient de devenir simplement des amateurs éclairés et délicats.

Vous avez demandé à cette Commission de rechercher les moyens de faire entrer dans l'enseignement à tous ses degrés l'éducation esthétique des yeux. Elle les a recherchés avec d'autant plus d'empressement que pour elle comme pour vous, Monsieur le Ministre, cette éducation des yeux est peut-être, pour éveiller le sentiment du beau, le moyen le plus important, le plus efficace. L'œil est de tous les sens le plus naturellement égal chez les hommes; il est celui qui nous met le plus en communication avec le monde extérieur; il est celui qui nous apporte le plus de sensations et d'idées. C'est lui seul qui nous fait connaître la couleur, et, si la perception de la ligne et du relief ne lui appartient pas en propre, il assure du moins et développe singulièrement cette double perception. La première révélation de la beauté qui se fait à l'enfant se fait par les yeux : c'est toujours par les yeux que nous recevons de la beauté l'impression la plus forte et la plus sûre.

La musique est, comme la rêverie, volontiers incertaine et vague; dans les arts plastiques, tout est net et précis. La poésie a de tout temps accepté les monstres assez aisément; les arts plastiques y répugnent. La difformité, la laideur même, n'ont ici jamais réussi à faire longtemps école. L'œil fuit comme de lui-même ce qui est mal venu, faux, abject ou hideux ; il recherche, au contraire, et suit partout où il les rencontre l'heureuse proportion, la grâce avec la force, l'élégance avec la noblesse, la lumière harmonieuse, la ligne souple ou fière, le mouvement et la vie. Si la Grèce a porté dans sa littérature un si admirable caractère de précision et de justesse, un sentiment si exquis de la mesure et de la proportion, elle en a été assurément redevable aux progrès qu'elle-même avait fait accomplir aux arts plastiques. Nul de nous ne peut lire aujourd'hui une tragédie de Sophocle ou un discours de Démosthènes sans songer aussitôt aux statues de Phidias.

On peut ajouter que notre race est plus apte qu'aucune autre peut-être, parmi les races modernes, à recevoir cette éducation de l'art par les yeux et à en profiter. Elle avait montré, dès les siècles du moyen âge, son génie naturel pour les arts du dessin.

Sitôt que la Renaissance est apparue, elle s'est élancée d'un irrésistible élan vers la beauté antique ressuscitée, vers la beauté nouvelle, glorieuse fille de la première, que l'Italie venait d'enfanter. La France peut réclamer sa part, et non la moindre, du mouvement magnifique qui a suivi le mouvement italien. Elle peut, depuis quatre siècles bientôt, citer, avec fierté, ses architectes, ses peintres, ses sculpteurs, ses dessinateurs, ses graveurs, aussi bien que ses poètes, ses prosateurs, ses philosophes, ses historiens, ses romanciers. Qu'après l'Italie, l'Espagne ensuite, la Flandre ou la

Hollande, l'Angleterre, aient apporté dans l'art une note nouvelle, la France, avec une ardeur égale, s'est misé aussitôt à l'école de l'Angleterre, de la Hollande et de la Flandre, de l'Espagne aussi bien que de l'Italie; elle a produit dans tous les genres des disciples que leurs maîtres n'auraient point à désavouer, car ils ont été un peu plus que des disciples. La France, enfin, ne s'est pas contentée d'imiter: elle a créé, elle aussi; elle a ouvert à l'art des voies nouvelles. Si aujourd'hui sans vain amour-propre elle peut se vanter d'une supériorité, c'est aux arts plastiques qu'elle la doit; on n'admire pas seulement ses peintres, ses sculpteurs, ses dessinateurs; on reconnaît aux produits de son industrie un caractère d'élégance, de distinction, d'harmonie délicate qui lui viennent et du goût de nos ouvriers et de celui du public qui les juge. Un tel signe ne montre-t-il pas avec évidence que la race française a reçu de la nature les dispositions les plus heureuses pour comprendre et exprimer la beauté sous la forme qui est par excellence la forme de l'art, et pour recevoir par les yeux surtout le sain et fécond enseignement du beau? Toutes les oreilles françaises, hélas! ne sont pas justes, mais, en France, presque tous les yeux sont bons. Que l'on montre à nos enfants, à l'aide du dessin, du relief ou de la couleur, des modèles capables d'éveiller le sentiment esthétique, presque aucun d'entre eux ne sera réfractaire à ces leçons.

Cette éducation artistique, Monsieur le Ministre, elle se donne directement par l'enseignement du dessin, qui met en œuvre et l'œil et la main, qui habitue à mieux voir et à voir surtout dans tous les objets ce qui est essentiel et caractéristique. Vous avez déjà beaucoup fait pour introduire partout, dans l'instruction primaire aussi bien que dans l'instruction secondaire, l'enseignement universel et obligatoire du dessin. Dans quelques années, cette réforme aura pénétré dans toutes nos écoles, et la Commission en espère beaucoup.

Mais l'éducation artistique d'un individu ou d'une race ne se fait pas seulement par l'étude du dessin : elle ne se fait pas seulement par l'effort imposé à chaque enfant de reproduire des contours, de rendre sensibles des reliefs, de copier de beaux modèles. Elle se fait aussi, et la Commission oserait presque dire elle se fait surtout par la vue incessante de beaux ouvrages. C'est le charme seul de la beauté qui agit ici, et cette influence indirecte n'est pas la moins féconde. L'enseignement du dessin, par la nécessité même de tout enseignement, analyse, décompose; le détail empêche souvent de voir l'ensemble, comme les arbres empêchent de voir la forêt. L'enseignement exige l'effort, et c'est là même un de ses mérites; or, il est de la nature humaine, enfantine surtout, d'être effrayée et quelquefois rebutée par l'effort. L'enseignement enfin ne s'exerce jamais qu'à certaines heures spéciales. Une belle œuvre, au contraire, offerte aux yeux de l'enfant ou de l'homme, et offerte sans cesse à lui, à tout moment, le sollicite et l'appelle; elle lui présente un ensemble à la fois complexe et harmonieux; s'il ne l'a pas pénétrée et comprise d'abord, elle attend patiemment l'heure où il saura lui rendre pleine justice.

Peu à peu, il avancera dans son intimité; il franchira de lui-même les degrés de l'initiation ; si un effort est nécessaire pour sentir la beauté, il fera cet effort d'autant plus volontiers, d'autant plus aisément qu'il n'obéit à aucune contrainte, qu'il suit la seule pente de sa nature, qu'il l'accomplit pour se faire plaisir à lui-même. A force de voir de belles œuvres, l'œil se forme et s'instruit insensiblement; le sentiment de l'ordre et de la proportion s'impose; l'image de la beauté apparaît à l'esprit de plus en plus distincte; un jour enfin, à la suite de cette lente germination, de cette incubation inconsciente, l'éducation esthétique est non pas achevée — rien ici-bas n'est jamais achevé — mais saine et forte; l'adolescent qui a une fois subi l'attrait de la beauté ne cessera plus de l'aimer; il la poursuivra et la recherchera partout. C'est ainsi que l'art est, comme on l'a dit souvent, le grand initiateur. Tout est dans la nature, et c'est d'elle que les vrais artistes, capables de mieux voir que le commun des hommes, ont tiré les belles lignes, les formes heureuses, la couleur harmonieuse ; puis ce sont eux à leur tour qui aident les autres hommes à bien voir, qui leur révèlent la beauté, qui leur font découvrir dans cette même nature des beautés qui avaient échappé aux premiers observateurs.

Ce n'est donc pas assez, Monsieur le Ministre, d'enseigner le dessin dans nos écoles: il faut encore faire de l'école elle-même un musée, une sorte de sanctuaire où règne la beauté aussi bien que la science et la vertu. Il faut que l'enfant y vive entouré de nobles ouvrages qui sans cesse parlent à ses yeux, éveillent sa curiosité, élèvent son âme; il faut que tout l'y entretienne de formes harmonieuses, l'y enveloppe d'une atmosphère de joie et de sérénité; il faut que l'art vienne à lui pour ainsi dire de toutes parts comme l'air ambiant qu'il respire, afin que de ces sources délicieuses, suivant l'expression du poète, chaque jour « la vie et la beauté descendent dans son cœur. » Ne cherchons-nous pas tous, Monsieur le Ministre, à rassembler dans nos cabinets de travail, dans nos maisons, quelques-unes des œuvres d'art qui particulièrement nous ont charmés, pour y reporter souvent nos regards et y rafraîchir nos yeux? Si Paris retient si vivement ceux qui l'habitent, si l'ouvrier parisien est le plus souvent un artiste, n'est-ce pas tout justement parce que Paris est comme un immense et magnifique musée?

III.

Telle a été, Monsieur le Ministre, la pensée qui a présidé aux travaux de votre Commission. Elle a recherché tous les moyens de faire pénétrer dans les jeunes esprits le sentiment de la beauté.

Elle a voulu d'abord que l'école elle-même fût belle.

Comme l'église est la maison commune des fidèles, comme la mairie est la maison commune des citoyens, ainsi l'école à tous ses degrés est la maison commune de l'enfance et de la jeunesse. La religion dans ses temples ne s'est pas contentée d'enseigner ses mystères ou de pratiquer les rites du culte ; elle y a réuni les splendeurs de l'art. A la magnificence du monument, s'ajoutent l'harmonie du chant et la majesté des orgues, l'éclat des ors et le mystère des ombres, les vitraux merveilleux, les mosaïques et les fresques, les tableaux, les statues. L'hôtel de ville, lui aussi, partout où la vie communale s'est librement développée, est devenu un monument que l'on n'a cru pouvoir faire ni trop superbe au dehors, ni au dedans trop riche en magnificences de toute sorte.

L'école ne le doit céder ni au temple, ni à l'hôtel de ville. Elle aussi sert à tous, elle aussi est le bien de tous, elle aussi profite à tous. Chaque génération qui naît à la vie y passe ; elle y passe aux années mêmes où s'éveillent les intelligences, où se reçoivent les impressions les plus durables. Un temps viendra, qui n'est pas bien éloigné peut-être, où l'humanité s'étonnera que l'école ait commencé par être ce qu'elle a été si longtemps, et qu'une manière de grange blanchie à la chaux ait pu si longtemps être acceptée comme l'endroit où l'on préparait à la vie ces générations nouvelles qui portent l'avenir.

Si nous ne savions pas que rien ne se fait en un jour et que les plus excellentes réformes exigent du temps, nous dirions volontiers, Monsieur le Ministre, que nous demandons pour notre jeunesse des palais. Comme Cornélie, montrant ses fils, disait : « Voilà mes bijoux à moi ! » ainsi, nous voudrions que la France pût montrer avec orgueil ses écoles. Nous voudrions qu'elles fussent dignes d'être partout comptées parmi nos premiers monuments. L'avenir, nous n'en doutons pas, accomplira cette œuvre, qui semble aujourd'hui presque un paradoxe, tant elle est nouvelle. Laissons donc faire le temps et contentons-nous d'accomplir le progrès qui dès aujourd'hui peut être accompli :

Nos écoles, le plus souvent, vous le savez bien, Monsieur le Ministre, sont de simples maisons, presque toujours disgracieuses, presque toujours mal construites. Ce sont des maçons qui les ont bâties et les bâtissent encore. La Commission voudrait que désormais nos écoles fussent l'ouvrage d'architectes véritables, que tous en les voyant comprissent bien l'importance sociale de l'œuvre qui s'y fait, que par son aspect même l'école inspirât à l'enfance et le respect et le sentiment de la beauté. L'école ne saurait être partout la même : car il y a de grandes et de petites communes, des communes riches et des communes pauvres. Suivant les régions, les matériaux de construction, les conditions de l'installation, le tempérament même de nos provinces, diffèrent. La Commission a pensé que rien ne serait plus contraire à l'intérêt général que de vouloir imposer partout un même type uniforme et invariable, si remarquable qu'il pût être en lui-même ; elle a pensé qu'il fallait au contraire respecter toutes les libertés, et celles de nos communes et celles des artistes. Un certain nombre de projets remarquables ont été présentés et exécutés en ces dernières années. Bon nombre de nos architectes, d'autre part, ont pu réfléchir sur l'établissement de nos écoles dans telles ou telles conditions données.

Aussi la Commission est-elle d'avis qu'en ouvrant pendant quelques années une exposition destinée à accueillir soit les projets déjà exécutés, soit les projets capables d'être exécutés, accompagnés de devis sérieux et précis, un service incontestable serait rendu à l'enseignement primaire. Telle est la première résolution qu'elle a l'honneur de vous présenter. Le Ministère, qui choisirait les juges de cette exposition, en déterminerait aussi les récompenses : il distribuerait des prix aux auteurs, ou se rendrait acquéreur des meilleurs projets; il se chargerait de publier ceux-ci. Il n'est pas douteux que les communes si nombreuses qui ont des écoles à construire seraient heureuses le plus souvent de profiter de modèles qui leur seraient ainsi offerts.

Ce ne sont pas des écoles primaires dans nos campagnes seulement : ce sont aussi de grandes écoles primaires ou supérieures dans nos villes, ce sont des écoles normales, ce sont des collèges et lycées, ce sont quelquefois même des écoles d'enseignement supérieur qui doivent être construites. Votre Commission a pensé qu'ici, Monsieur le Ministre, il ne suffirait plus d'une exposition destinée à produire et à récompenser les meilleurs projets exécutés ou capables de l'être; elle a estimé qu'il serait bon de faire, par la voie du concours, un appel à tous les architectes. Elle vous propose donc ici l'institution de concours dont le Ministère déterminerait le programme et les conditions. Des prix importants seraient accordés aux auteurs des projets les plus remarquables. Nos Chambres ne refuseraient pas assurément de voter les crédits nécessaires pour un emploi vraiment patriotique. Nos collèges et nos lycées aujourd'hui pour la plupart, et quelquefois même nos facultés, sont logés en des masures. en des bâtiments faits, si l'on peut ainsi parler, de pièces et de morceaux, où tout est laid à voir, où presque aucune partie ne répond à la destination à laquelle elle doit satisfaire. On peut dire, et cela vous le savez par expérience, Monsieur le Ministre, que ce spectacle est une tristesse, quelquefois un scandale, pour qui visite ces établissements. Nous faisons appel au talent et au patriotisme de nos architectes pour donner à la France des écoles normales, des collèges et des lycées, des universités dignes d'elle.

IV.

Ce n'est pas assez, Monsieur le Ministre, que la maison d'école, quels que soient les élèves qui la fréquentent, leur inspire par son architecture le sentiment du beau, il faut encore que tout dans l'école, une fois qu'ils y ont pénétré, concoure à faire subir à la jeunesse l'impression, disons mieux, le joug salutaire de la beauté. Il faut que ses yeux y rencontrent sans cesse les modèles de l'art. Ainsi procédait la Grèce dans ses gymnases, dans ses palestres, dans ses stoas, ne se lassant pas d'offrir à l'adolescence ou à l'âge viril des chefs-d'œuvre à contempler. Les architectes de la Commission ont été les premiers à demander, pour les salles de nos écoles, de belles frises décoratives, des tons harmonieux sur les murailles, pour les préaux des statues, chaque fois que les ressources le permettront, pour les galeries et les parloirs de nos lycées et collèges, pour les galeries de nos facultés, des fresques, des moulages de statues, des bas-reliefs, des motifs d'architecture. La Commission tout entière s'est rangée à cet avis. Si la peinture est un art malheureusement fort coûteux de notre temps et qui n'est guère à la disposition de nos écoles, où rien de médiocre ne doit être montré, les progrès accomplis depuis trente années par l'art des faïenciers permettent du moins d'offrir à notre jeunesse des échantillons de décoration murale capables de réjouir les yeux à la fois par la pureté du dessin et la vivacité de la couleur.

Une seule divergence d'opinion s'est produite au sein de la Commission. Elle a été relative aux salles de classe elles-mêmes.

Tout en admettant l'ornementation discrète de la salle, tout en réclamant l'introduction des œuvres d'art dans la classe à certains jours ou à certaines heures, quelques membres auraient voulu que ces œuvres d'art ne fussent pas admises à y figurer à titre permanent. Ils craignaient qu'à force d'être vues elles ne perdissent de leur action sur les esprits ; ils craignaient surtout qu'elles ne servissent à distraire la mobilité de la jeunesse, et ne nuisissent à ce recueillement qui est pour les leçons du maître une condition importante du succès. M. Émile Trélat s'est particulièrement fait, avec autant d'éloquence que de conviction, l'interprète de cette opinion. Tout en rendant justice au sentiment qui inspirait ces craintes, la Commission ne les a pas partagées. Deux raisons l'ont surtout déterminée : la première, c'est que, nos écoles communales n'ayant le plus souvent aujourd'hui ni galerie, ni préau abrité, exclure les œuvres d'art de la salle de classe serait le plus souvent les exclure de l'école même ; la seconde, que la distraction dont on s'effrayait n'était point en elle-même si redoutable. C'est dans la classe que l'élève passe la meilleure partie de son temps : Il a semblé bon, que là encore, là surtout, ses yeux, même distraits, rencontrassent, comme des professeurs muets, de beaux ouvrages dont il reçût chaque jour les leçons.

C'est ici, monsieur le Ministre, que la Commission vous demande la permission d'insister un peu sur ce qu'elle considère, non pas comme la partie essentielle de son œuvre — tout ceci est important et doit concourir au même but — mais comme l'innovation considérable qu'il appartient au Ministère d'introduire partout dans nos écoles. Nous voulons parler des musées d'art scolaires. Un long temps se passera encore avant que nos écoles soient des monuments, avant qu'elles soient décorées aussi bien qu'il serait à souhaiter pour la joie et l'instruction des yeux. Mais, ce que nous pouvons faire dès aujourd'hui, c'est d'y introduire un certain nombre d'objets qui inspirent l'amour du beau, comme les collections qui servent aux leçons de choses y portent les documents scientifiques. Les musées scolaires consacrés à l'histoire naturelle ou à l'industrie font partout leur chemin ; établissons partout à côté d'eux une autre série de musées scolaires, mais que ceux-ci soient consacrés à l'art.

Voici, monsieur le Ministre, comment la Commission comprend l'organisation de ces musées. Elle demande qu'aucune école n'en soit déshéritée, pas même la plus modeste, la plus humble. Il faut partout tenir compte des ressources dont l'État et les communes disposent. L'essentiel est de commencer à faire bien en laissant à l'avenir le soin de mieux faire.

La Commission s'est arrêtée aux dispositions suivantes :

Dans nos écoles de village, le musée d'art scolaire se composera seulement d'une statuette, d'une couple de bustes, d'un bas-relief, de quelques moulages de chapiteaux ou d'ornement, de quelques estampes et photographies enfermées dans un portefeuille. Ce sera peu de chose assurément si l'on songe à ce qui mériterait d'être fait ; ce sera beaucoup si l'on songe à l'état présent, où pas une œuvre d'art n'existe dans nos écoles. Là où les ressources permettront de faire davantage, il sera fait davantage. Dans nos grandes écoles communales qui ont plusieurs classes, chaque classe aura son petit musée scolaire, plus ou moins riche, et qui renfermera déjà les éléments d'une histoire abrégée de l'art.

Les lycées et collèges auront leurs œuvres d'art exposées dans les salles de classe, dans les salles d'étude, au réfectoire, dans les corridors. Les grands lycées, plus favorisés, posséderont en outre une salle de collections artistiques, dont la porte s'ouvrira facilement pour les élèves, où le professeur de lettres ou d'histoire puisera pour ses leçons des documents utiles. M. Paul Mantz a demandé que, même dans nos écoles primaires, le maître, gardien du musée scolaire, pût s'adjoindre, pour l'entretien de la petite collection, un élève choisi par lui. Cette idée a paru à la Commission, non pas seulement touchante, mais féconde. Ce sont les moindres choses souvent qui produisent les plus grands résultats. L'élève chargé de surveiller le petit musée scolaire le regardera plus attentivement que ses camarades ; il aura un peu cette illusion qu'il est sa propriété. Et qui sait ? peut-être sortira-t-il de là la révélation de quelque vocation inconnue qui donnera à notre pays quelque grand sculpteur ou quelque grand peintre de plus.

V.

L'enseignement par les yeux, Monsieur le Ministre, a pris, depuis une vingtaine d'années, une importance considérable et qui va sans cesse croissant dans nos méthodes pédagogiques renouvelées. Des globes et des cartes géographiques, des tableaux de système métrique, des tableaux d'histoire naturelle, ornent déjà les murailles de presque toutes les écoles, en France aussi bien que dans tous les pays. La Commission pense qu'il y a là encore un puissant moyen de développer le sentiment de l'art. Rien n'empêche que ces tableaux divers réunissent à la fois l'exactitude scientifique, l'élégance de la forme et l'harmonie de la couleur.

Mais l'une des voies les plus fécondes qui soient offertes à l'éducation publique pour répandre le culte du beau, ce sont les bons points distribués chaque semaine aux élèves dont le travail a été satisfaisant ; ce sont aussi les prix et les accessits

décernés le jour de la distribution solennelle, à la fin de l'année scolaire. Jusqu'ici,
comme prix, on n'a guère distribué, tant dans nos collèges et lycées que dans nos
écoles primaires, que des volumes dont la reliure était souvent le principal mérite ;
comme accessits, que des couronnes. Pourquoi ne distribuerait-on pas de temps en
temps désormais, comme prix, des albums d'estampes, comme accessits, des estampes ? La dépense ne serait guère plus considérable, et ces récompenses ne seraient
pas assurément parmi les moins enviées. Déjà les bons points sont partout des images.
L'enfant les rapporte à la maison. La famille entière les examine et se réjouit à
regarder l'image, en même temps qu'elle s'instruit à lire la légende qui y est jointe.
Souvent l'image est avec un clou accrochée à la muraille blanchie à la chaux : ce n'est
pas l'enfant seulement qui profite de cette leçon de goût, c'est la maisonnée toute
entière, grands et petits. Le peuple aime naturellement l'art, le dessin, la couleur,
la représentation des objets qu'il connaît, des scènes historiques dont le retentis-
sement est venu jusqu'à lui. L'image, même imparfaite, même grossièrement bariolée,
et l'attire et le charme. On a vu l'imagerie la plus médiocre entretenir et fortifier des
légendes, exercer une action populaire et même politique. Que n'est-on pas autorisé
à espérer, pour la culture intellectuelle du pays, pour son progrès moral, d'une imagerie véritablement artistique, introduite dans l'école et de là se répandant dans
toutes les familles, et se servant de l'art, en même temps pour instruire, pour propager les enseignements de la science, de la morale, du patriotisme ?

VI.

Ces principes fixés, votre Commission avait, Monsieur le Ministre, pour achever
sa tâche, à examiner les propositions faites par des artistes ou des éditeurs, et relatives soit à la décoration de nos écoles de toute sorte, soit aux tableaux et cartes
destinés à trouver leur place sur les murailles, soit à l'imagerie scolaire. Cet examen
a été patient et consciencieux ; ce n'est pas ici l'occasion d'entrer dans un détail qui
serait nécessairement fort long et qui tient une place considérable dans les procès-
verbaux de ses séances. Les tableaux du système métrique de la maison Delagrave,
les cartes et les bons points de la maison Hachette, des aquarelles et des bons points
proposés par la maison Goupil, des phototypies publiées par M. Ravaisson, ont semblé
à votre Commission particulièrement dignes d'être encouragés par le Ministère. Elle
s'est trouvée trop souvent dans la nécessité pénible de refuser son approbation aux
spécimens qui lui étaient présentés. Tantôt les légendes scientifiques ou historiques
renfermaient trop d'erreurs ; plus souvent encore c'était l'exécution artistique qui se
trouvait vraiment par trop insuffisante. Les couleurs des cartes ou des tableaux étaient
criardes ou brutales ; les compositions, empruntées à l'histoire ou à la vie familière,
d'un dessin trop incorrect, d'un barbouillage trop hideux. Assurément, en se repor-
tant à ce que l'imagerie d'Épinal nous montrait il y a une vingtaine d'années, on ne

saurait méconnaître qu'un certain progrès général ait été accompli. Mais, en regardant ce qui se fait aujourd'hui, hors de chez nous, en particulier ce qui s'est fait en Angleterre, la Commission ne peut croire que nos éditeurs français ne puissent arriver à mieux satisfaire les exigences du goût. Avec un peu de patience et de persévérance, elle est convaincue qu'il dépend d'eux d'atteindre à de tout autres résultats. Certainement, le bon marché est ici un élément dont il faut tenir grand compte ; mais le bon marché n'est pas tout, et, d'ailleurs, quand un ouvrage doit être répandu par centaines de mille, par millions d'exemplaires, le bénéfice sur chacun de ces exemplaires peut être des plus modérés. Quelques membres de la Commission se sont demandé, avec M. de Baudot, si un ou plusieurs concours, institués pour l'imagerie scolaire, ne produiraient pas d'utiles effets ; la majorité a pensé, toutefois, après avoir entendu l'éloquente argumentation de M. Paul Bert, que la liberté, l'initiative privée, la concurrence, étaient ici encore les plus puissants de tous les ressorts. Elle tient cependant à dire aux éditeurs qu'à son avis ils se trompent, en appelant, en général, de préférence des artistes médiocres à composer les modèles qu'ils destinent à l'imagerie de nos écoles. Sans doute, les artistes de valeur voudront être payés plus cher; mais aucun artiste n'a trop de talent pour servir de maître à l'enfance. Elle pense que les éditeurs se trompent aussi en cherchant la complication des couleurs dans la chromo-lithographie ou la chromo-typie : des teintes plates en petit nombre, franches et choisies avec goût, approcheront plus près de l'art qu'aucun bariolage de couleurs. Les Japonais nous l'ont bien montré.

Quant aux sujets de ces images, ils sont infinis comme la vie et la nature elle-même : nos fleurs et nos fruits, notre industrie, nos travaux de la ville et de la campagne, les monuments, les scènes de l'histoire, la reproduction des ouvrages de l'art, tout est à sa place dans l'imagerie scolaire, tout a son utilité. Un des plus vifs regrets de la Commission a été de trouver trop rarement des compositions historiques qui lui parussent dignes de vous être recommandées. L'éditeur qui apprendra à l'enfant à mieux aimer la patrie, en racontant aux yeux ses grandes joies et ses grands deuils, aura bien mérité de l'éducation nationale. M. Delaborde, qui avait demandé, dans la décoration des écoles, une place pour le portrait ou le buste du grand homme qui avait honoré une région de nos provinces, a renouvelé la même demande à propos de l'imagerie scolaire, et la Commission s'est associée à cette demande comme à la première. Notre unité nationale est assez solide depuis quatre siècles pour ne plus risquer d'être compromise ; il est bon que chaque contrée de la France garde pieusement les noms des inventeurs, des savants, des vaillants soldats, des artistes ou des écrivains qu'elle a vus naître : ces exemples sont faits pour inspirer aux générations nouvelles la noble émulation d'égaler celles qui les ont précédées.

Si la Commission a dû constater l'insuffisance de la plupart des modèles qui lui ont été présentés, elle ne s'effraye pas toutefois de cette insuffisance. Rien ne serait plus injuste que de juger ce qui sera bientôt d'après ce qui est. L'introduction de l'art

dans l'école, sous la forme de l'image, est encore chez nous presque une nouveauté. La Commission est persuadée que le mouvement imprimé ira vite croissant.
Elle invite nos éditeurs classiques à se mettre à l'œuvre. Elle a confiance dans l'intérêt bien entendu pour stimuler leur zèle. Avant peu, elle en est convaincue, ils ri-
valiseront pour produire de beaux moulages, de belles gravures, de bonnes photographies dignes de trouver place dans les musées d'art scolaires, ou d'être décernés
en prix aux élèves, des images élégantes pour la décoration des murailles, ou les récompenses scolaires. Mais ce mouvement sera d'autant plus fécond qu'il sera mieux
dirigé. Elle émet donc le vœu de voir constituer au Ministère de l'instruction publique une commission permanente chargée d'examiner et de juger les tentatives
nouvelles qui se produiront. Cette commission permanente continuera l'œuvre de
celle-ci : elle pourra, à l'occasion, donner ses conseils aux éditeurs et leur faire connaître ce que l'Administration attend de leurs efforts. La période de tâtonnements et
d'incertitudes a pris fin, grâce aux recherches que vous avez ordonnées.

VII.

En chargeant la Commission actuelle d'introduire, dans toutes nos écoles, le culte
du beau, vous lui aviez en même temps demandé, Monsieur le Ministre, son opinion
sur une question distincte de la première, qui y touche cependant, car il s'agit également ici de l'enseignement par les yeux. Nous voulons parler de ces projections
scientifiques, qui à l'aide d'une lampe, d'un écran et d'un verre habilement préparé,
peuvent faire comprendre à la jeunesse une loi de la science, ou montrer en les
agrandissant les phénomènes les plus curieux de la vie. La lanterne magique, qui
n'était jadis qu'un objet d'amusement, est devenue de la sorte un véritable instrument
d'instruction. La Commission a examiné avec le plus vif intérêt les projections qui
lui ont été présentées : elle croit qu'il est permis d'espérer beaucoup de cette méthode
introduite dans nos écoles ; elle vous prie de faire tout ce qui sera possible pour la
propager et la répandre partout.

Elle ne saurait mieux faire que de reproduire ici quelques passages du rapport qui
lui a été présenté par M. Stanislas Meunier, au nom de la sous-commission chargée
d'étudier spécialement cette question.

« L'introduction des projections lumineuses dans la pratique courante de l'enseignement, disait M. Stanislas Meunier, constituera l'un des plus grands progrès pédagogiques de cette époque. Les programmes scientifiques récemment élaborés, fondés
avant tout sur l'observation des faits naturels, laissent percer, à chaque instant, cette
tendance excellente de ne vouloir jamais imposer aux élèves des allégations sans
preuve.

« Désormais, les professeurs ne tenteront plus de faire accepter les faits scientifiques comme de simples articles de foi : au contraire, ils ne regarderont leur tâche

comme terminée que si leurs auditeurs doivent soumettre les notions acquises à une critique sévère. Or, la meilleure preuve de l'existence des choses dont on parle consiste à les montrer. »

Grâce à la méthode des projections lumineuses, ce sont bien les choses mêmes que le maître pourra désormais montrer à ses élèves. Les découvertes de l'astronomie, de la physique, de la chimie, de la biologie, de l'histologie, deviendront sensibles aux yeux, en même temps que l'étude de la géographie ou de l'histoire, par exemple, trouvera à l'occasion, dans les moyens nouveaux de démonstration, un nouvel élément de précision et d'intérêt.

Les leçons où il pourra être fait usage des projections scientifiques seront pour les élèves de véritables récréations : aucune image ne restera mieux gravée dans leur mémoire que celles qui auront pu leur être ainsi offertes. Déjà la Commission, en s'occupant de la décoration de nos écoles, avait réclamé sur les murs une place importante pour les tableaux d'histoire naturelle. Déjà, sur la proposition de M. Janssen, elle avait demandé au plafond de nos écoles primaires la représentation exacte et élégante en son exactitude des principales constellations de notre hémisphère.

M. le colonel Riu, de son côté, avait exposé avec force combien il serait avantageux, au point de vue de l'éducation de nos soldats, que tous les jeunes Français fussent mis dès l'école en état de s'orienter et de se diriger dans une marche, ou de jour ou de nuit, vers n'importe quels points de l'horizon. Ce qui se fait ailleurs avec succès peut réussir chez nous également.

Parvenue au terme de ses travaux, après avoir exécuté de son mieux la tâche que vous lui avez confiée, la Commission a cette conviction, Monsieur le Ministre, qu'il sortira de la réforme dont vous avez pris l'initiative les plus utiles résultats, et pour l'honneur et pour la prospérité de la patrie. Le travail national y gagnera en habileté, en délicatesse, en distinction ; les âmes y gagneront plus encore en dignité. La France est une démocratie, et ceux-là seraient des fous qui rêveraient encore de barrer à la démocratie la route. Mais, plus un peuple est constitué en démocratie, plus y sont impérieux les devoirs de l'éducation publique. Un peuple où l'effet de l'égalité serait l'abaissement des cœurs et des esprits aurait abdiqué par là même. Une nation qui a revendiqué l'honneur de se gouverner elle-même doit être digne de se gouverner. Elle a besoin d'être tout entière fière et noble, de trouver en elle-même à toute heure sa défense contre les entraînements dans sa raison, contre la mollesse ou la volupté dans sa force morale, contre la facilité des jouissances vulgaires dans le sentiment de la beauté. C'est la raison, c'est la force morale, c'est le généreux enthousiasme du beau qui peuvent, aujourd'hui comme autrefois, enseigner l'effort vaillant dans la paix ou dans la guerre, donner la supériorité, assurer l'avenir. Ouvrons donc à toutes les âmes avides de s'y abreuver, ouvrons toutes grandes ces trois sources de vie, la science, la vertu, la beauté. Qu'il n'y ait plus de déshérités parmi nous, ni déshérités de la science et de l'éducation ni déshérités de l'art. Nous avons connu de terribles

épreuves où la France a failli périr, d'où, hélas ! elle n'est pas sortie intacte. Appelons
à son secours, pour achever de la relever, l'éducation morale, appelons l'instruction,
appelons surtout l'art, si longtemps méconnu, si longtemps dédaigné ! Quand le cher
vaisseau de la France sera bien affermi sur ces trois ancres, il pourra défier toutes
les tempêtes : nous pourrons répéter avec confiance ce mot qui reste notre devise,
comme il a été celle de nos pères souvent éprouvés durement, eux aussi : Espérance !

Le Rapporteur de la Commission,

Charles BIGOT.

ARRÊTÉ.

Le Président du Conseil, Ministre de l'instruction publique et des beaux-arts,
Vu le rapport présenté le 11 avril 1881, au nom de la Commission de la décoration des écoles et de l'imagerie scolaire.

Arrête :

Article premier. — Un comité permanent est institué auprès du Ministère de l'instruction publique, à l'effet d'examiner les spécimens présentés pour la décoration
des écoles, l'imagerie et les musées d'art scolaires, et de désigner ceux qui pourraient
être l'objet d'une souscription du ministère.

Art. 2. — Sont nommés membres de ce comité :

MM. Guillaume, membre de l'Institut, *Président;*

Berger, inspecteur général, directeur du musée pédagogique ;

Bert, député, membre du Conseil supérieur ;

Bigot (Charles), publiciste ;

Galland, peintre, professeur à l'École des beaux-arts ;

Havard, publiciste ;

Mantz, sous-directeur au Ministère de l'intérieur ;

Pelletier, sous-chef à l'Administration centrale, *Secrétaire.*

Fait à Paris, le 1er juillet 1881.

JULES FERRY.

PROCÈS-VERBAUX

DE LA COMMISSION DE LA DÉCORATION DES ÉCOLES
ET DE L'IMAGERIE SCOLAIRE.

PROCÈS-VERBAUX

DES SÉANCES

DE LA COMMISSION DE LA DÉCORATION DES ÉCOLES ET DE L'IMAGERIE SCOLAIRE.

SÉANCE D'OUVERTURE DU VENDREDI 2 JUILLET 1880.

La séance est ouverte à dix heures un quart sous la présidence de M. Jules Ferry, Ministre de l'instruction publique et des beaux-arts, dans une des salles du ministère.

Sont présents :

MM. Bigot, Buisson, Charton, Delaborde, Gréard, Guillaume, Haureau, Paul Mantz, Henri Martin, Stanislas Meunier, Müntz, Pillet, Antonin Proust, de Ronchaud, Turquet, Zévort.

Ne peuvent assister à la séance : MM. de Baudot, Berger, Janssen, Maze, Monod, Émile Trélat.

M. le Ministre déclare la séance ouverte et trace à la Commission le programme de ses travaux. Il lui explique qu'aux petites choses dont il lui demande de s'occuper se rattachent de grands intérêts. Les écoles, dit-il, ne sont pas des édifices attrayants par eux-mêmes; il faut enlever à leurs murs la nudité qui les rend tristes et la remplacer par une décoration instructive. A l'enseignement par la doctrine, il faut ajouter l'enseignement par l'aspect. L'image et tout ce qui parle aux yeux doit jouer un rôle plus grand encore que celui qui lui est attribué aujourd'hui.

Les écoles, les lycées et les collèges devront attirer l'attention de la Commission. Elle connaît les sacrifices que le pays s'impose pour la construction d'édifices scolaires; elle n'ignore pas que 17 millions sont mis déjà à la disposition du Ministère pour créer ou améliorer les établissements d'enseignement secondaire. Il faudra profiter d'une partie de ces ressources pour transformer l'aspect intérieur de nos maisons d'éducation, pour rendre attrayantes et instructives celles que l'on édifiera sur des plans nouveaux. La décoration murale envisagée sous tous ses aspects, devra donc préoccuper la Commission et détourner à son profit une partie de ses efforts.

L'imagerie instructive sera étudiée à son tour. L'enseignement par l'image existe déjà, particulièrement pour l'histoire naturelle : il faut, ajoute M. le Ministre, le développer et le rendre historique, moral, patriotique et surtout artistique. Il faut que ces images, si modestes qu'elles soient, qui sont si pleines d'attraits pour les enfants, ne laissent rien à désirer au point de vue de l'art, de la pureté des lignes, et servent pour une leçon de goût dont les élèves subiront, immédiatement peut-être, l'influence.

Chaque école possède ou possédera son petit musée scolaire : cette utile création se développera de plus en plus. Aujourd'hui, ceux qui existent ne sont, pour la plupart, ornés que d'objets servant aux leçons de choses, ou de produits de l'agriculture et de l'industrie. Il sera nécessaire de les doter d'éléments artistiques, simples sans doute, mais indiscutables. Si l'on est surpris de voir l'art grec se manifester par des formes exquises, dont il a pu revêtir les objets les plus usuels, cela ne doit-il pas s'expliquer par la contemplation permanente des œuvres d'art dans laquelle les ouvriers grecs avaient le soin de s'entretenir ?

Cet affinement de l'art et du goût, dont l'effet doit rejaillir sur les productions les plus journalières d'un peuple, doit être entrepris dès l'enfance et ne jamais être faussé; c'est pourquoi nos écoliers ne doivent être entourés que de beaux exemples, c'est pourquoi, tout particulièrement, notre imagerie grotesque et enfantine doit être réformée.

Tel sera le plan général des travaux de la Commission.

M. LE MINISTRE ajoute que des propositions ont été déjà faites au Ministère pour répondre, en partie, au *desideratum* qui vient d'être formulé; mais l'Administration a eu la crainte de mal choisir; elle n'a pas voulu créer des monopoles, et c'est pourquoi la Commission ici présente a été réunie afin de guider le Ministère dans ses choix.

M. LE MINISTRE pense que la Commission devra se fractionner en quatre Sous-Commissions; la première sera chargée d'étudier les décorations murales. Dès maintenant elle pourra prendre connaissance des propositions de M. Motte, peintre, sur un procédé de décoration par toiles peintes; du procédé de reproduction de M. Pierre Petit, présenté par lui sous le nom de *linographie;* de la collection de vues et de paysages historiques d'origine allemande.

La seconde Sous-Commission voudra bien se charger d'étudier les petits musées scolaires.

On entrevoit déjà la possibilité de les doter de gravures, de faire de nombreux emprunts à la chalcographie du Louvre, et aux moulages dont nos musées sont si abondamment pourvus. M. Groult, de Lisieux, a été le fondateur de musées cantonaux, dont il sera possible de s'inspirer. M. Moret est l'auteur d'une histoire de l'art, mise à la portée des élèves. On pourra consulter ce travail et en tirer profit. Enfin, M. Ravaisson, à l'initiative de qui l'on doit la création d'un si grand nombre de photographies, ne sera pas sans proposer à la seconde Sous-Commission d'enrichir les petits musées scolaires par les reproductions d'œuvres d'art dont il s'est fait le promoteur éclairé.

A une troisième Sous-Commission incombera le soin d'étudier l'imagerie.

L'image apparaîtra dans les écoles sous la forme de bons points, d'accessits ou d'albums.

Déjà la maison Hachette publie, sous le nom de *bons points instructifs*, des images qui semblent pleines d'intérêt. M. Llanta est l'auteur de petits sujets historiques qu'il destine à servir de récompenses. M. Latry, fabricant de bois durci, est l'inventeur de jeux instructifs, cartes, dominos, etc., dont il demande l'examen. Enfin, M. Gluck, reproduit par l'héliogravure des tableaux ou des gravures d'assez grand format qu'il propose au Ministère pour servir à la décoration des murs et qu'il annonce pouvoir livrer à très bas prix.

Une quatrième et dernière Sous-Commission sera chargée d'étudier les projections photographiques.

MM. Molteni et Pierre Petit ont présenté une petite lanterne magique dont ils proposent l'emploi dans les écoles pour exécuter, à peu de frais, des projections devant un auditoire nombreux. — On sait combien ce genre de spectacle intéresse les élèves et avec quelle rapidité, grâce à lui, on peut faire passer devant leurs yeux un enseignement laissant des traces profondes dans leur esprit.

La partie purement technique de cet appareil a été étudiée dans une autre commission ; celle-ci devra surtout s'occuper de choisir les motifs qui pourront faire l'objet de projections.

Après cet exposé, une courte discussion s'engage entre MM. Hauréau, Paul Mantz, Henri Martin et Turquet, tendant à affirmer encore les idées émises par M. le Ministre, et à démontrer la possibilité et l'urgence de leur réalisation ; après quoi les Sous-Commissions sont ainsi composées :

1ʳᵉ Sous-Commission, chargée d'étudier les questions relatives à la décoration murale des édifices scolaires :

MM. DE BAUDOT, BUISSON, DELABORDE, GRÉARD, GUILLAUME, HENRI MARTIN, ANTONIN PROUST, ÉMILE TRÉLAT, ZÉVORT, PILLET, *secrétaire.*

2ᵉ Sous-Commission, chargée d'étudier les questions relatives à l'imagerie :

MM. BUISSON, CHARTON, HAURÉAU, MAZE, MONOD, MÜNTZ, *secrétaire.*

3ᵉ Sous-Commission, chargée d'étudier l'organisation des petits musées scolaires ;

MM. BIGOT, GRÉARD, ANTONIN PROUST, DE RONCHAUD, TURQUET, PAUL MANTZ, *secrétaire.*

4ᵉ Sous-Commission, chargée d'étudier les questions de projections :

MM. BERGER, JANSSEN, STANISLAS MEUNIER, *secrétaire.*

La séance est levée à onze heures.

Le Secrétaire de la 1ʳᵉ Sous-Commission,

PILLET.

6.

SÉANCE DU 2 FÉVRIER 1881.

La séance est ouverte à dix heures du matin, sous la présidence de M. DE RONCHAUD.

Sont présents :

MM. DE BAUDOT, BERT, BIGOT, BUISSON, GRÉARD, JANSSEN, MANTZ, HENRI MARTIN, MEUNIER, MÜNTZ, PÉCAUT, PELLETIER, PILLET, TRÉLAT, ZÉVORT.

M. LE PRÉSIDENT annonce que, par arrêté du 21 janvier 1881, MM. Paul Bert, député, Paul Dubois, directeur de l'École des beaux-arts, Le Bourgois et Pécaut, inspecteurs généraux, Pelletier, licencié ès lettres et en droit, sous-chef adjoint à l'Administration centrale, et le colonel Riu, ont été nommés membres de la Commission. M. Pelletier remplira les fonctions de secrétaire.

Le procès-verbal de la première séance plénière de la Commission est lu par M. Pillet et adopté.

L'ordre du jour appelle la discussion du rapport de la première Sous-Commission (décoration murale). M. Pillet lit le texte des résolutions proposées pour les écoles primaires.

M. BIGOT fait observer qu'un concours annuel pour les projets de maisons d'école est institué par la Sous-Commission au Salon d'architecture, et demande si, en raison des nouveaux règlements du Salon, il n'y a pas lieu de modifier cette disposition.

M. DE BAUDOT. Rien n'empêche de choisir un lieu quelconque pour cette exposition des projets primés : une salle du Ministère, par exemple, de l'Institut ou de l'École des beaux-arts.

M. TRÉLAT. Le but de la Commission a été avant tout d'établir un concours. Le Salon n'est qu'un moyen de publicité. Il suffit donc de dire qu'il y aura une exposition des projets, sans déterminer le lieu où elle se fera.

M. PAUL BERT critique les termes de l'article 1ᵉʳ : « un concours sera ouvert *tous les ans.* » Sans doute la première année l'exposition sera riche, les projets seront nombreux et variés ; mais quelque temps s'écoulera ensuite avant qu'il soit utile d'ouvrir un nouveau concours. En ce moment, on se forme de l'école une tout autre idée que par le passé : on la conçoit volontiers comme la plus belle maison du village. Mais cette transformation dans le goût public ne se produira pas tous les ans. Il serait mieux de dire : « un concours sera ouvert en 1881, et ensuite à des époques déterminées par le Ministre ».

Quant au lieu de l'exposition, M. Bert préfère que ce ne soit point le Salon. Dans ce milieu tout artistique, il est à craindre que les intérêts purement scolaires soient sacrifiés ou du moins placés au second rang.

M. DE BAUDOT. Il est désirable cependant qu'on ne ferme pas la porte aux idées isolées. Si le concours n'a lieu qu'à de longs intervalles, d'heureuses conceptions peuvent être perdues, faute de trouver une occasion de se produire.

D'autre part, si l'on décide que des prix seront offerts aux artistes pour susciter des projets et les mettre en lumière, n'est-il pas naturel d'exposer ces projets dans les lieux mêmes où les artistes exposent, au Salon par exemple? Si le programme du concours est surtout pédagogique, le jury se placera au point de vue pédagogique pour en apprécier les résultats.

M. BUISSON demande des explications sur quelques points du rapport en discussion. L'idée de la Sous-Commission est claire. On comprend très bien le but qu'elle se propose ; elle veut qu'une prime soit offerte par l'État et que cette prime soit mise au concours. Mais un concours de quoi? S'agit-il de plans pris dans l'idéal, sur des données hypothétiques? Cherchera-t-on l'école modèle, l'école type? On pourrait l'admettre pour les écoles normales dont les conditions sont à peu près les mêmes partout; mais pour une école de village, tout est dans le détail, tout dépend des besoins particuliers à satisfaire, des ressources locales à appliquer, de la nature du terrain, des dispositions de la commune, etc. On ne saurait donc donner la palme à une construction idéale qui, la plupart du temps, ne serait point réalisable.

M. PILLET. On a dit, à la Sous-Commission, que lorsqu'un architecte de province avait un projet d'école à faire et qu'un conseil municipal avait ce même projet à examiner, ils ne se comprenaient point et ne pouvaient s'entendre. Il n'y a pas de point fixe, de principes communs pour les mettre d'accord. Le but de la Commission est d'en fournir, c'est-à-dire de faire *un guide,* un recueil de types et de modèles. Chercher, dans telles conditions données, la meilleure école réalisable; demander aux architectes capables des plans bien conçus qui seront envoyés comme modèles aux architectes chargés de construire.

M. TRÉLAT. La nécessité d'un pareil guide est incontestable. Quand nous avons abordé l'étude de cette question, nous avons interrogé autour de nous les gens compétents : Quel est le type d'une bonne école? Personne n'a pu répondre, personne n'y avait songé sérieusement. Il faut donc s'adresser à l'opinion publique. On nous a dit que dans les concours communaux, il s'était présenté des projets pleins d'originalité et de convenances. La Sous-Commission demande que le Ministre en fasse l'acquisition et en forme un recueil qu'on puisse distribuer et répandre. Nous avons prononcé le nom de concours parce que nous ne trouvions rien de mieux. Nous aurions pu dire : le Ministre acquerrera les meilleurs projets. Notre pensée est de procurer à l'Administration le moyen de faire un choix. Il existe, en pareille matière, une documentation très variée en Angleterre, en Amérique et répondant aux besoins et au goût de ces deux pays. Nous désirons avoir les mêmes facilités en France : non pas un type unique qu'on copierait partout sans discernement, mais un choix de modèles, qu'on pourrait modifier et approprier à des besoins spéciaux.

M. BUISSON ne combat pas l'idée, mais veut seulement la préciser. Le projet de la Sous-Commission lui paraît plus modeste qu'il ne l'avait cru d'abord : ce choix par le Ministre, cette sélection annuelle est une excellente idée. Mais on peut la mettre en pratique sans un concours, sans le mot et sans la chose. L'essentiel est de savoir si l'on prendra les plans dans la réalité ou dans l'idéal? L'Administration peut ouvrir cette enquête de deux façons : elle peut demander aux préfets que tous les plans qui auront paru remarquables soient envoyés au Ministère qui publiera les meilleurs ou, d'une autre manière, elle peut inviter les architectes qui ont des idées et qui se supposeront dans une commune riche ou pauvre, à présenter des projets dont on ne pourra jamais dire si la réalisation en est facile et à bon prix.

M. DE BAUDOT. Aucun des deux procédés n'est exclu par le texte des résolutions proposées. Mais il est douteux que le premier donne des résultats; car jamais les architectes capables ne sont appelés à faire des plans d'écoles pour les communes. Pourquoi cette exclusion ?

M. ZÉVORT. Parce que le soin de les choisir est laissé aux municipalités qui prennent ce qu'elles ont sous la main.

M. DE BAUDOT. La Sous-Commission entend bien ne récompenser que des projets réalisables, dont le détail soit bien étudié et dont les prix soient fixés par un devis. Toutefois on ne peut se contenter pour alimenter ce concours des projets actuellement réalisés par les architectes de province. Sauf dans quelques grands centres, les agents voyers sont partout chargés de construire les écoles et répètent partout les mêmes types, toujours inférieurs et d'autant plus mauvais qu'il ont plus de prétentions artistiques.

M. PAUL BERT. Je partage l'avis de la Sous-Commission d'intéresser les architectes capables à la question des maisons d'école et de leur demander des plans et des modèles. Mais je ferai cependant deux réserves. D'abord pourquoi un concours? Je n'en vois pas la nécessité. Un concours suppose un classement, et, au bout de quelques années, ce classement deviendra bien difficile. En tout cas, ceux qui occuperont les premiers rangs n'auront bientôt plus la même valeur absolue.

En second lieu, je demande que l'exposition soit tout à fait en dehors du Salon d'architecture. Je modifierais donc l'article 1ᵉʳ: « Tous les ans aura lieu une exposition spéciale des plans exécutés ou en projet pour la construction des écoles en France et en Algérie. Le prix de revient, indiqué avec précision, sera de rigueur.

« Ces projets seront jugés par une commission composée par le Ministre de l'instruction publique. Des prix pourront être accordés. »

M. DE BAUDOT. *Devront être* accordés, sinon ceux qui ne seront pas en possession de plans immédiatement réalisables ne viendront pas au concours, et je me préoccupe surtout de ceux-là, précisément parce que leurs idées seront neuves et n'auront point encore vu le jour.

M. PAUL BERT. « Des prix ou des indemnités pourront être accordés, ou encore : Les projets primés seront acquis par l'État. »

M. JANSSEN. Cette enquête que l'Administration est appelée à ouvrir devra être faite avec un certain éclat. Si le Gouvernement interroge les hommes capables sur une question d'une aussi haute importance, il faut que les prix proposés aient une valeur sérieuse et bien déterminée. Pour distraire les grands architectes des travaux fructueux et les engager dans cette voie de recherches, il faut les dédommager des pertes matérielles qu'ils subiront. Donc il faut fixer à l'avance des sommes suffisamment rémunératrices pour tout projet qui serait jugé digne d'être acquis par le Ministre.

M. Gréard demande un nouvel éclaircissement. Il semble que la question se soit dédoublée. La Sous-Commission propose un concours de projets, en quelque sorte théoriques, et à côté de cette proposition, M. Paul Bert introduit une idée nouvelle : *mettre en lumière des projets réalisés ou à la veille de l'être.*

Or, je comprends très bien qu'on puisse demander que, chaque année, tous les projets nouveaux, effectivement réalisés ou immédiatement réalisables, soient mis en lumière et primés. Mais ce que je comprends moins, c'est ce concours permanent pour des modèles purement théoriques. Ce qui est nécessaire, c'est le programme des bâtiments scolaires. Ce programme une fois fixé, il n'y a pas lieu de le changer chaque année. A de longs intervalles, des modifications dans l'organisation pédagogique amènent des modifications dans la forme des bâtiments scolaires. Mais ces évolutions se font lentement Aussi suffirait-il d'établir un concours permanent pour les projets réalisés ou sur le point de l'être. On n'ouvrirait un concours que tous les cinq ans ou tous les dix ans pour les projets purement théoriques.

M. Paul Bert n'estime pas que cette division soit utile.

On a vu des projets tout originaux et sans réalisation immédiate, tel que, par exemple, l'école octogonale de Ferrand, qu'il y aurait intérêt à acheter et à placer dans une collection de modèles.

Quant à fixer à l'avance les prix à accorder, la détermination en paraît difficile.

M. Buisson. Lorsqu'il s'agit d'écoles rurales, il y a peut-être quelque illusion à vouloir occuper les sommités artistiques d'une aussi petite question. Pour les écoles élémentaires, le projet modèle existe, il est fait et publié. Ce n'est plus la question générale qui est en jeu et l'on ne comprendrait les concours théoriques que pour les écoles normales ou primaires supérieures.

M. de Baudot. Il est aussi difficile de faire une bonne chaise ou une bonne table qu'un palais. Les sommités artistiques ne viendront peut-être pas elles-mêmes au concours, mais elles éclaireront de leurs conseils les jeunes architectes qui présenteront des projets.

M. Paul Bert. Je ne vois pas d'inconvénient à faire cette double expérience et j'y vois beaucoup d'avantages. L'église fut d'abord une grange où quatre planches formaient l'autel, puis elle devint l'expression la plus magnifique et la plus complète de l'art au moyen âge; pourquoi l'école, grâce au mouvement général des esprits, grâce à des générosités locales ou publiques, ne deviendrait-elle pas aussi belle qu'un temple?

M. Trélat. La Commission approuve donc le désir de la Sous-Commission de faire surgir des projets originaux et de les admettre à un concours.

M. Buisson. Avec cette réserve qu'on établira des catégories. Autrement on ferait naître trois ou quatre types qui seraient ensuite reproduits indéfiniment et d'une manière inintelligente. On ne saurait admettre dans une même série de concours les écoles normales, les écoles primaires supérieures, les écoles avec mairie, etc. Il faut créer plusieurs prix pour divers types.

M. Trélat insiste pour que toute liberté soit laissée aux artistes et qu'on ne fasse point de divisions ou de conditions dans le programme des concours.

M. le Président résume le débat. Deux questions sont à résoudre : 1° Veut-on entre prendre le recueil de modèles qui a été proposé ? Y aura-t-il un concours et quel en sera le programme ? M. le Président invite la Commission à prendre une décision sur le premier point : la collection de modèles.

La Commission décide que cette collection sera créée, et adopte l'article 1" ainsi modifié : « Une exposition sera ouverte, chaque année, à l'effet d'arriver à la création de modèles d'écoles primaires ».

L'article 2, est voté sans modification.

Aux conditions exigées par l'article 3, la Commission ajoute la mention du prix de revient.

A propos des articles 5 et 6, la question de catégories reparaît : la division en diverses espèces d'écoles est réclamée par M. Buisson. M. Trélat demande qu'il ne soit pas fait de catégories. M. Janssen fait observer que, si on laisse les concurrents absolument libres, ils apporteront tous des projets d'écoles normales et d'écoles primaires supérieures et dédaigneront l'école rurale.

Le Gouvernement peut faire le programme comme un particulier fait une commande : « J'ai tel terrain, dans telle situation ». La solution est laissée à l'architecte, mais toutes les conditions sont déterminées à l'avance.

M. Pillet propose une nouvelle rédaction de l'article 5, où il est tenu compte de ces observations; cette rédaction est adoptée.

M. Bert modifie dans le même sens l'article 6. L'article 6 est adopté.

M. Janssen insiste pour qu'un crédit soit demandé aux Chambres et que le taux en soit indiqué dès à présent. Une somme de 30,000 francs pour les écoles primaires est provisoirement déterminée.

La suite de la discussion est renvoyée à lundi prochain. La séance est levée à midi un quart.

Le Secrétaire de la Commission,

Ernest PELLETIER.

SÉANCE DU 7 FÉVRIER 1881.

La séance est ouverte à dix heures, sous la présidence de M. GUILLAUME.

Sont présents : MM. DE BAUDOT, PAUL BERT, CARLES BIGOT, BUISSON, BERGER, DELABORDE, HAURÉAU, JANSSEN, PAUL MANTZ, MEUNIER, MÜNTZ, PELLETIER, PILLET, le colonel RIU, TRÉLAT, ZÉVORT.

Le procès-verbal de la séance du 2 février, lu par le secrétaire, est adopté.

L'ordre du jour appelle la suite de la discussion du Rapport de la première Sous-Commission.

L'article 7 (titre II) est ainsi conçu : « Les salles de classe des écoles primaires ne recevront pas de décoration murale permanente. »

M. PILLET donne lecture des considérations qui ont conduit la Sous-Commission à n'admettre que la *présence temporaire* des objets destinés à être montrés aux élèves.

M. P. MANTZ fait observer que le travail de la Sous-Commission des musées scolaires a porté sur quelques-uns des points traités dans le rapport actuellement en discussion. La Sous-Commission des musées n'a pas encore arrêté ses résolutions ; mais elle fait dès à présent des réserves sur l'article 7, qui lui paraît trop absolu. Une partie des objets composant le petit musée sera placée dans une armoire qui s'ouvrira à de certains jours et à de certaines heures, et des modelages seront, en outre, exposés dans les classes. Leurs effets blancs ne seront point de nature à distraire trop violemment les élèves.

M. TRÉLAT dit que la Sous-Commission a étudié à fond cette question. Elle ne s'oppose point à ce que des bustes soient placés dans la classe ; mais elle désire qu'ils y soient apportés et n'y demeurent point d'une façon permanente. Il faut que le maître puisse, à son gré, évoquer de telles images ou concentrer sur sa personne et son enseignement toute l'attention des élèves.

M. S. MEUNIER remarque que la Commission propose de peindre la voûte céleste sur le plafond des écoles et exprime le regret que rien, dans les programmes de l'enseignement primaire, n'éclaire les enfants sur la nature et la signification d'un pareil spectacle. Cette carte du ciel serait une énigme indéchiffrable, sans cesse proposée aux élèves et dont personne, dans la classe, ne saurait leur dire le mot.

M. le colonel RIU fait observer qu'en donnant quelques notions d'astronomie aux élèves, pour leur permettre au moins de s'orienter en pleine campagne, on économiserait huit ou quinze jours d'études qu'on est obligé de faire faire au jeune soldat, lors de son entrée au régiment.

M. Janssen dit qu'on pourrait peindre le plafond des écoles en bleu et y représenter trois ou quatre constellations avec leur nom : Orion, par exemple, ou la grande Ourse. Quand l'élève verrait cette même image à ciel découvert, il la reconnaîtrait et serait peut-être tenté de pousser plus loin l'étude ainsi commencée. On pourrait aussi, sans inconvénient, exposer des cartes de géographie dont la vue ne serait point troublante ; ce qui n'empêcherait pas de faire intervenir passagèrement d'autres tableaux décoratifs ou instructifs. Enfin, la présence constante d'un globe terrestre serait fort utile, afin que les élèves vissent la forme de la terre, sans l'intermédiaire d'une carte, qui est déjà une traduction un peu abstraite et difficile à entendre.

M. Zévort. La Commission s'est placée à ce point de vue que, pour profiter de l'enseignement, l'enfant doit appartenir absolument à son professeur et s'absorber en lui ; elle a donc exclu tout ce qui peut le distraire. La première conséquence de ce principe, c'est que tout tableau, tout spectacle étranger à la leçon doit être banni de la classe.

Mais il ne faut pas oublier que l'enfant devenu homme sera placé dans un milieu distrayant et que ses facultés devront s'exercer dans des conditions toutes différentes. Qu'aura-t-on fait pour le préparer à cette lutte de tous les instants, à ces sollicitations si multiples et si variées du monde extérieur ?

M. Zévort ne voit pas la nécessité d'abstraire l'enfant du milieu naturel où il est appelé à vivre, car si sa pensée ne peut se développer qu'à la condition d'être concentrée et absorbée, il ne pensera plus dans le monde.

Les choses qu'il est indispensable de connaître doivent être, au contraire, toujours sous les yeux des élèves. Or beaucoup d'écoles n'ont ni étude ni préau. C'est dans la classe seulement qu'on peut offrir aux regards de l'enfant les objets capables d'éveiller en lui la notion du beau.

Le principe absolu de la Sous-Commission ne serait pas aisément appliqué dans la pratique et, le fût-il, les résultats en seraient regrettables.

M. Trélat invoque deux arguments en faveur de la thèse adoptée par la Sous-Commission. D'abord on ne doit point, pour élever l'enfant, le placer dans les conditions mêmes où il se trouvera devenu homme. Un certain entraînement méthodique est nécessaire. Si on laisse, dès le début, envahir son être par toutes les influences extérieures ; si on livre ses sens aux bruits du dehors, aux couleurs éclatantes, aux odeurs incommodes, il deviendra impossible de fixer son attention. La Commission éloigne de l'école les décorations qui distraient la vue, comme on en éloigne la forge qui assourdit les oreilles ou l'usine qui offense l'odorat. En avançant en âge, les conditions de la vie intellectuelle se compliqueront, il faut commencer par les simplifier le plus qu'on peut.

D'autre part, les objets qui sont placés tous les jours sous les yeux des élèves n'attirent plus leur attention et les laissent bientôt indifférents. Ils n'ont d'intérêt et d'attrait qu'à la condition de paraître à de certaines heures, pour illustrer l'enseignement, et d'être remplacés par des objets nouveaux.

Enfin les tableaux exposés dans la classe deviennent promptement malpropres et horribles à voir. Rien n'est moins fait pour inspirer l'idée et le sentiment du beau que ces cartes grossièrement enluminées, couvertes de taches et de boursuflures qui tapissent les murs des écoles de village.

M. Buisson dit qu'une question de fait domine toute la discussion : dans 3o,ooo écoles rurales, il n'y a que la classe où l'on puisse exposer des objets décoratifs ou autres.

M. Trélat répond que la Sous-Commission a demandé la création d'un magasin où ces objets seraient déposés et conservés.

M. Zévort insiste sur les idées qu'il a précédemment développées. Il ne croit pas que les bruits ordinaires, auxquels l'oreille de l'enfant s'accoutume, soient capables de distraire son attention quand on sait l'intéresser. M. le Directeur de l'enseignement secondaire a vu souvent, dans une même salle, l'instituteur et l'adjoint faire en même temps la classe et les plus petits enfants, sous l'influence de l'habitude, ne percevaient même plus des bruits si voisins et si persistants.

Quant à l'autre objection, que la satiété viendra et que les élèves ne regarderont point les tableaux exposés en permanence, elle n'est pas concluante. Car si les élèves ne regardent plus, tout au moins ils voient, et se pénètrent par un travail inconscient et continu de ce qu'on a placé sous leurs yeux. Pour les cartes, par exemple, il serait fâcheux qu'on les enfermât dans une armoire pour ne les en tirer qu'à l'occasion. Les lignes et les contours sont difficiles à se rappeler; il faut que l'œil les ait suivis et y ait repassé bien des fois, avant qu'ils se gravent dans la mémoire.

M. Ch. Bigot dit que le principe qui est ici en question est fort important. La pensée de la Sous-Commission est plutôt un retour au passé qu'un mouvement vers l'avenir. Les granges où jadis se tenait l'école seraient plus près de l'idéal que ces petits musées attrayants et souriants qu'on veut instituer et qui permettent à l'élève, alors qu'il n'a pas bien compris une explication, de revenir de lui-même aux objets et de se répéter la leçon. On veut enfermer l'enfant dans une sorte de cloître et l'instruire dans la retraite et le recueillement : c'est l'idéal d'un autre âge et la Sous-Commission va à l'encontre de tout ce qui, à tort ou à raison, est considéré comme étant le progrès.

D'autre part, il est singulier que les travaux de la Sous-Commission chargée d'étudier la décoration des écoles aboutissent précisément à proscrire cette décoration et à étendre partout un ton neutre et uniforme.

Enfin il y aura une sorte de contradiction à ne point vouloir de tableaux décoratifs dans les classes, sous prétexte que les yeux des élèves s'y habitueraient et ne s'y arrêteraient plus et de les admettre néanmoins dans les préaux ou dans les cours, où le même effet se produira infailliblement.

M. Trélat réplique qu'une autre idée de notre temps c'est qu'on ne fait bien que ce qu'on fait spécialement. Quand on est dans la classe, c'est pour travailler méthodiquement et n'apprendre chaque chose qu'à son heure et dans des conditions déterminées.

La Sous-Commission ne revient pas à la grange ; elle veut orner les salles de classes de grands fonds calmes sur lesquels les objets temporairement exposés se détacheront avec vigueur. Dans les lycées, les parois mêmes de la classe seront couvertes de sujets en grisaille.

On reproche à la Sous-Commission d'avoir proposé une solution contradictoire : oui, il y a contradiction dans le projet comme il y a contradiction dans la nature humaine elle-même. Les caractères des enfants sont très divers : les uns deviendront vite indifférents aux spectacles qui leur seront sans cesse offerts, les autres s'en préoccuperont chaque jour davantage.

Il n'est pas douteux que l'homme puisse travailler au milieu du bruit ; mais il travaillerait bien mieux encore dans le silence et le recueillement. Autrefois toutes les conditions que nous désirons les meilleures possibles n'étaient pas observées, et il y avait cependant déjà de bons élèves. Ce n'est pas une raison pour ne pas rechercher les améliorations qui doivent augmenter le nombre de ceux qui profitent de l'enseignement.

L'état actuel est très fâcheux : rien n'est plus laid que ces cartes qui papillottent aux yeux des enfants, ne leur apprennent rien et corrompent leur goût.

M. Janssen pense que la vérité est entre les deux opinions extrêmes qui ont été exprimées. Il y a certains objets (notamment les cartes de géographie) qui doivent être sans cesse exposés. Si le maître les fait passer un instant sous les yeux des élèves, ils ne laissent qu'un souvenir vague dans leur esprit.

M. Buisson dit que la Commission discute une question de principe dont la solution importe assez peu en ce moment ; car, la Commission le voulût-elle, il serait impossible de placer des objets décoratifs dans les trois quarts des écoles primaires. Il y a deux sortes d'objets décoratifs : ceux qui font partie du matériel de l'enseignement, tels que cartes, tableaux d'histoire naturelle ou de système métrique, et les objets de décoration proprement dite destinés à inspirer aux enfants l'amour du beau. Ces derniers ne peuvent être placés dans les salles de classe dont les parois sont déjà insuffisantes pour recevoir le matériel scolaire indispensable.

Quand la Sous-Commission des musées aura fait son rapport, on discutera si, outre les collections du petit musée, on peut introduire des motifs purement décoratifs dans les préaux et dans les cours. Les deux questions sont liées.

M. le Président indique la position de la question : 1° il n'y a pas lieu à discussion générale sur le principe de la décoration permanente ou temporaire des classes ; car un règlement existe déjà sur ce point et a tranché la question ; 2° en ce qui concerne la décoration permanente, il n'y a pas lieu non plus de discuter avant que la Sous-Commission des musées ait fait son rapport qui portera nécessairement sur le même point. On n'a donc simplement qu'à émettre un avis sur la réserve avec laquelle on doit admettre dans les classes la multitude des objets d'enseignement qui les encombrent, les déparent et distraient l'attention des élèves et, en second lieu, à faire le choix des objets qui seront temporairement exposés, quand le professeur le jugera convenable.

Après une courte discussion sur la position de la question, discussion dans laquelle MM. Paul Bert, Bigot, Buisson, Janssen, Trélat, Zévort prennent la parole, M. le Président résume de nouveau le débat et met aux voix l'article 7.

La suppression de l'article 7 est décidée.

La séance est levée à midi.

Le Secrétaire,
Ernest PELLETIER.

SÉANCE DU 11 FÉVRIER 1881.

La séance est ouverte à dix heures du matin, sous la présidence de M. DE RONCHAUD.

Sont présents : MM. DE BAUDOT, BERGER, BIGOT, BUISSON, DÉLABORDE, GUILLAUME, HAURÉAU, HAVARD, JANSSEN, LE BOURGEOIS, MANTZ, HENRI MARTIN, MÜNTZ, PELLETIER, PILLET, le colonel RIU, TRÉLAT, ZÉVORT.

Le procès-verbal de la séance du 7 février, lu par M. le Secrétaire, est adopté.

L'ordre du jour appelle la suite de la discussion du rapport de la première Sous-Commission (décoration murale).

M. LE PRÉSIDENT donne lecture de l'article 8 (titre II).

M. CHARLES BIGOT fait observer que le rejet de l'article 7, qui contenait un principe général écarté par la Commission plénière, entraîne le rejet de tous les articles qui suivent et qui s'y rattachent comme conséquences.

M. TRÉLAT convient que toutes les parties de ce travail sont liées, et qu'il ne reste plus qu'à passer à l'examen des objets destinés à décorer les murs de l'école. Toutefois on pourrait renvoyer le titre II à la Sous-Commission, qui proposerait une rédaction nouvelle, où il serait tenu compte des observations présentées au cours de la dernière séance et qui se renfermerait dans le cadre plus étroit qui lui a été tracé.

M. DELABORDE ne croit pas qu'il soit utile de voter le renvoi à la Sous-Commission, puisque toutes les questions générales ont été écartées : il ne s'agit plus que de faire un choix parmi les objets soumis à l'examen de la Commission.

M. DE BAUDOT dit que la Sous-Commission avait banni de la salle de classe toute décoration permanente, parce qu'elle croyait que rien n'y serait exposé. Elle ignorait que des règlements antérieurs et une nécessité actuelle y établissaient à demeure des cartes, des tableaux et tout un matériel scientifique. Du moment que cette situation existe et ne peut être changée, il est désirable qu'à côté des objets instructifs soient placés, s'il est possible, ceux qui sont plus particulièrement destinés à former le goût. Ne pourrait-on point par exemple emprunter à la céramique des motifs décoratifs : fleurs, vases, chapiteaux, etc., ou peindre une frise autour de la salle.

M. BUISSON estime que le travail élaboré par la Sous-Commission n'est point en dehors du programme qu'elle avait à remplir. Que demande, en effet, l'Administration ? Elle veut être éclairée sur tout ce qui concerne la décoration des bâtiments scolaires, depuis les conditions normales et esthétiques de la construction jusqu'au modeste mobilier d'enseignement, cartes ou tableaux pendus aux murs. Pour toutes les écoles de quelque importance, là où il existe des préaux, des abris couverts en dehors de la classe rudimentaire, de la classe unique des communes rurales, il y a lieu de poser des principes, de fournir des indications, de traiter la question de décoration proprement dite. A ce point de vue, il conviendrait de renvoyer le titre II à la Sous-Commission, qui proposerait une rédaction nouvelle. Mais il y a dans ce même titre une partie toute pratique, pour ainsi dire, et qui peut être immédiatement examinée : c'est l'énumération d'un certain nombre d'objets apportés du dehors et destinés à être exposés temporairement dans la salle de classe. Ces objets peuvent figurer dans toutes les écoles, quelle que soit leur catégorie, quelles que soient la pauvreté et l'exiguïté des locaux. Il n'est pas besoin ici d'une rédaction de principes. Il importe seulement que la Commission donne aux éditeurs des indications pour des produits nouveaux, qui, s'ils étaient conformes à ces indications, seraient en quelque sorte achetés d'avance.

M. Guillaume dit qu'il semble résulter de ce qu'il vient d'entendre que les écoles communales les plus pauvres seraient laissées en dehors des préoccupations de la Commission et qu'il ne faudrait songer à y introduire aucun élément décoratif ni artistique. Cette manière d'envisager la question serait toute nouvelle et, avant de s'y arrêter, il serait nécessaire que la Commission y prît garde et ne se prononçât point sans un sérieux examen.

M. Janssen ne pense point qu'il y ait désaccord au fond entre la Commission et la Sous-Commission. Si l'article a été rejeté, c'est qu'il était trop absolu et proscrivait même les cartes de la salle de classe. Mais il est d'un haut intérêt que la Commisssion émette un avis compétent et autorisé pour que, même dans les plus pauvres écoles, les principes du goût soient respectés. Ils le seront, si l'Administration n'adopte point de tableaux ni de cartes qui, quelle que soit leur valeur pédagogique, seraient de nature à fausser la saine notion du beau et à offenser le regard par des couleurs criardes et des lignes disgracieuses. Ce sera déjà un grand service rendu aux écoles, si ne pouvant mettre sous les yeux des élèves de véritables œuvres d'art, on en éloigne, du moins, soigneusement tout ce qui peut choquer et corrompre le sens esthétique.

M. Zévort dit qu'il a demandé le premier la suppression de l'article 7, dont la rédaction lui avait paru trop absolue. En rejetant le principe énoncé dans cet article, la pensée de la Commission plénière a été que, même dans les communes les plus pauvres, il y aurait lieu de se préoccuper de la décoration des classes. Si, en effet, une personne généreuse fait don à l'école d'un buste ou d'un tableau, il doit être placé dans la salle de classe et le règlement ne saurait s'y opposer. Qu'on ne déclare donc point, en principe, qu'il n'y aura point de décoration dans l'école pauvre ; qu'il soit permis, au contraire, d'en introduire, toutes les fois que ce sera possible.

M. le Président résume le débat et divise ainsi la question : première partie du titre II, concernant les principes ; deuxième partie, ayant trait au choix des objets.

La Commission est-elle d'avis de renvoyer à la Sous-Commission la première partie afin de préparer une rédaction nouvelle et de passer à l'examen des objets proposés à son agrément?

Le renvoi à la Sous-Commission est décidé.

M. Pillet a la parole pour lire le rapport de la Sous-Commission sur les divers projets qui lui ont été soumis par les auteurs ou les éditeurs.

Les groupes I et II, *Tableaux originaux et copies peintes*, ne peuvent guère être placés que dans les lycées et dans les écoles primaires supérieures. La Sous-Commission n'a point de spécimen à présenter. Elle pense qu'il sera aisé de trouver des artistes pour exécuter ces travaux. Néanmoins, comme les sujets se rapportant à l'histoire de notre pays, à celle des grands hommes et aux grandes découvertes sont, assez rares dans nos musées et que souvent, lorsqu'on les trouvera, leurs grandes dimensions empêcheront qu'ils ne soient reproduits, on sera contraint de ne prendre que des fragments et de les réduire, ce qui sera regrettable.

L'Administration pourrait ouvrir une sorte de concours permanent pour la création des originaux de ces tableaux, après avoir nettement indiqué la nature des sujets à traiter. Ces premiers originaux une fois créés, il serait possible d'en faire exécuter des copies peintes à peu de frais. Cette question reviendra et sera mieux à sa place quand la Commission s'occupera de la décoration des lycées.

Groupe III, *Grands tableaux exécutés par des procédés industriels.*

Un artiste, M. Motte, a proposé de décorer toutes les écoles primaires de France par un procédé uniforme, une sorte de frise à personnages qui pourrait s'étendre ou se raccourcir, suivant les surfaces à couvrir : tous les personnages se dirigeant vers un même centre et dans un même mouvement, il serait facile d'en ajouter ou d'en supprimer sans inconvénient.

M. Guillaume dit que la Sous-Commission a vu là une entreprise commerciale et qui n'a rien de commun avec l'art et ses intérêts. Cette machine à compartiments qui, se plie et s'accommode à tout, a paru indigne de figurer dans les écoles.

M. Buisson demande s'il ne serait pas utile d'encourager M. Motte à des essais, avant de condamner absolument son procédé.

M. Paul Mantz dit que M. Motte est un artiste très sérieux qui traite les sujets historiques avec un soin curieux de la vérité.

M. de Baudot répond que le talent de M. Motte n'est pas en question, on ne discute que son procédé.

M. Hauréau dit que l'Administration ne peut se lier envers une entreprise qui tend à revêtir d'une décoration uniforme toutes les écoles de France.

M. Havard fait observer que si l'on emploie les moyens industriels, il faudra bien se répéter. On ne peut s'engager à varier partout les sujets. Si avec le procédé de M. Motte, on arrive à décorer d'une manière intéressante 100 ou 150 écoles, ce résultat ne saurait être dédaigné. M. Havard pense qu'il n'y aurait point d'inconvénients à faire appeler M. Motte devant la Commission, pour y défendre son idée.

M. le Président met aux voix cette motion qui est rejetée. Le projet de M. Motte n'est pas pris en considération.

2° *Linographie.* — M. Pierre Petit a exécuté, pour répondre au désir de la Sous-Commission, deux reproductions par grandissements photographiques : la première d'après une gravure d'Audran, et la deuxième d'après une photographie du groupe de Rude, *le Départ.* L'épreuve est photographiée directement sur toile. On peut exécuter par le même procédé des reproductions de tableaux et de monuments, d'animaux, de machines, etc. La Sous-Commission engage l'Administration à faire faire d'autres essais du même procédé.

La Commission est frappée de l'aspect triste des deux spécimens qui lui sont soumis ; les fonds sont indistincts, les lignes sont vagues et confuses ; de telles images ne peuvent que fausser le goût des enfants et attrister leurs regards.

M. DE BAUDOT pense qu'on pourrait utiliser ce procédé en l'employant à reproduire des tableaux très simples et faits tout exprès.

M. DELABORDE dit qu'il y aurait une sorte d'imprudence à prendre quelque engagement envers M. Petit ou tout autre, et que ces premiers essais ne sont pas heureux et ne doivent pas être encouragés.

La Commission, consultée, décide que le procédé dit *Linographie* n'est point admis.

3° *Cartes de géographie* (grandes cartes murales, tableaux de système métrique). — La Sous-Commission ne se prononce pas sur la valeur pédagogique des cartes bien connues de la maison Hachette et de la maison Delagrave. Elle ne les juge qu'au point de vue décoratif. Elle est unanime à reconnaître que le vernis qui les recouvre les rend difficiles à regarder et n'assure même point leur conservation, car il devient noir avec le temps et se parsème de taches.

Des cartes sans vernis, obtenues par les procédés du papier peint, ont été présentées, ainsi qu'un tableau du système métrique, par la maison Delagrave. Ce procédé ne se prête pas aux mêmes finesses que la gravure ou la lithographie, mais par cela même il demande une simplicité dans l'exécution, une unité dans les effets, une ampleur dans les lignes qui conviennent admirablement aux décorations murales, destinées à être vues de loin. Ces tableaux sont tendus sur châssis ou collés directement au mur.

La Commission se déclare très satisfaite de ces essais et désire qu'ils soient encouragés et continués.

Elle examine ensuite des tableaux de mécanique. Tout en reconnaissant que le mode de représentation qui leur convient est nécessairement conventionnel, il y a lieu de se demander si l'on ne pourrait pas offrir aux yeux des élèves des tons moins heurtés et des dessins plus agréables, donner enfin aux modèles un aspect plus voisin de la réalité. Il serait désirable aussi que des sujets plus simples fussent traités.

M. DE BAUDOT propose la constitution d'un comité permanent chargé de fournir des conseils et d'imprimer des directions aux éditeurs.

M. BUISSON dit que la question est résolue et que tel doit être le rôle des Sous-Commissions.

La Commission examine des sujets d'histoire naturelle : les uns d'origine allemande, les autres édités par la maison Hachette. Ces derniers sont préférés par la Commission, sans que les autres soient écartés d'une manière absolue.

Une collection de vues de monuments sur papier imitant la toile et récompensée à l'exposition de Vienne (1873) n'est pas agréée par la Commission. M. Paul Mantz fait remarquer que l'unité d'un procédé qui donne à tous les monuments et à tous les pays une couleur uniforme ne saurait être admise.

Des tableaux relatifs aux procédés de l'industrie et de l'agriculture et des paysages géographiques, par M. Ciceri, en fac-similé d'aquarelle, sont accueillis très favorablement par la Commission, qui émet un vote d'encouragement.

Enfin des scènes de notre histoire nationale, reproductions en chromolithographie des tableaux de maîtres, sont repoussées comme insuffisantes et désagréables aux yeux.

MM. Havard et Le Bourgeois sont admis à faire partie de la Sous-Commission de l'imagerie ;

M. le colonel Riu, de la Sous-Commission des musées scolaires.

La séance est levée à midi un quart.

Le Secrétaire,
Ernest PELLETIER.

SÉANCE DU 14 FÉVRIER 1881.

La séance est ouverte à dix heures, sous la présidence de M. DE RONCHAUD.

Sont présents : MM. DE BAUDOT, BIGOT, BUISSON, DELABORDE, GUILLAUME, HAVARD, JANSSEN, LE BOURGEOIS, MANTZ, MEUNIER, MÜNTZ, PELLETIER, PILLET, RIU, TRÉLAT, ZÉVORT.

Le procès-verbal de la séance du 11 février, lu par M. le Secrétaire, est adopté.

Les Sous-Commissions conviennent du jour et de l'heure où elles devront se réunir. La Sous-Commission des projections photographiques, au Ministère, le mercredi 16 février, à dix heures du matin ; celle de l'imagerie, au Ministère, le même jour, à trois heures de l'après-midi ; celle des musées scolaires, dans le cabinet de M. de Ronchaud, le jeudi 17 courant, à quatre heures, et enfin la Sous-Commission de la décoration murale, priée de fournir une nouvelle rédaction du titre II de son rapport, au Ministère, le lundi 21 février, à huit heures et demie du matin.

M. TRÉLAT et M. le colonel RIU sont invités à prendre part aux travaux de la Sous-Commission des musées scolaires, et M. JANSSEN à ceux de la Sous-Commission de la décoration murale.

L'ordre du jour appelle la suite de la discussion sur le choix des objets destinés à la décoration des écoles.

M. DE BAUDOT soumet à l'examen de la Commission deux spécimens d'ornements céramiques, dont l'un est une lettre de l'alphabet avec des fleurs entrelacées. M. de Baudot pense que les motifs décoratifs tirent tout leur intérêt de la fantaisie et du talent de l'artiste et qu'ils perdraient toute valeur s'ils étaient obtenus par des procédés industriels et mécaniques, le prix n'en est pas très élevé et peut être estimé de 80 à 100 francs le mètre carré.

M. GUILLAUME fait observer que la question du bon marché est ici d'une très grande importance et qu'il serait bon de recourir à l'industrie pour faire reproduire les modèles qu'on aurait une fois choisis. Seulement, il faudra tracer des programmes et imprimer une direction.

M. Guillaume n'admet pas qu'on doive employer les lettres ornées. Il est préférable, de montrer aux enfants les objets de la nature interprétés par l'art, d'éveiller leur goût en leur expliquant, par exemple, quelles transformations subit la fleur naturelle pour entrer dans la flore artistique.

M. ZÉVORT demande que l'on exclue l'alphabet des ornements placés dans l'école. Si l'on mêle la décoration à l'alphabet, cette décoration ne sera plus qu'accessoire et l'enfant n'y prêtera aucune attention.

M. Buisson pense, au contraire, qu'on peut combiner avec l'alphabet des motifs décoratifs capables d'intéresser les enfants ; tels que l'image des objets dont le nom commence par la lettre même qu'on met sous leurs yeux : un âne, par exemple, pour la lettre A.

M. de Baudot dit qu'il faut que l'attention de l'enfant soit attirée par quelque chose qu'il connnaisse et qu'il comprenne. La forme de la lettre lui est familière ; il la suit du regard et quand son esprit s'y est une fois attaché, il va plus loin, il veut connaître davantage et il s'applique aux lignes et aux couleurs qui entourent l'objet qui a d'abord éveillé sa curiosité.

A un autre point de vue, l'artiste trouve dans la forme même des lettres un guide pour varier, d'une façon intéressante, le dessin et la position des ornements qui les entourent.

M. Guillaume dit qu'il ne faut rien proscrire, mais que s'il y a intérêt à mettre sous les yeux des enfants, pour attirer leur attention, une forme qu'ils connaissent, une fleur des champs sera pour eux un objet aussi familier qu'une lettre de l'alphabet.

Si d'autre part on laisse déterminer la nature et la disposition des ornements par la figure de la lettre, on amoindrit le rôle de l'artiste, qui devient tout accessoire. Ce qui frappera l'enfant ce sera la lettre et il négligera le motif décoratif.

M. Zévort dit que l'enfant, par un travail d'abstraction instinctif, s'appliquera à dégager la lettre et à la distinguer nettement des fleurs qui la décorent et que bientôt il ne verra plus.

M. le Président met aux voix la décoration des écoles par le moyen de la céramique, et cette proposition est adoptée en principe. Quant au choix des motifs, la Sous-Commission exprime l'avis d'en charger le Comité permanent dont on a décidé la création.

M. Delaborde demande qu'on ne reproduise pas seulement, par la céramique, des lettres, des fleurs et des ornements variés, mais encore l'image des hommes remarquables qui ont honoré la localité et le souvenir des événements qui l'ont illustrée.

M. Buisson dit qu'il serait utile de ne pas ajourner la décision de la Commission sur ce point par le renvoi à un Comité futur. Pour la céramique, qui est un procédé nouveau de décoration, il y a lieu de rédiger un programme ; mais la même Sous-Commission qui a proposé l'idée pourrait en indiquer les meilleures applications.

M. Stanislas Meunier exprime le vœu que la fleur décorative soit exacte au point de vue scientifique et ne donne pas aux élèves d'idées fausses sur la botanique.

M. Guillaume dit qu'il y a une vérité artistique, et que la fleur décorative, sans être la représentation exacte de la réalité, en donne cependant une idée vraie. L'artiste met en relief et en lumière les caractères essentiels d'un objet, dont le savant décrit scrupuleusement le détail et décompose l'organisme. Que remarque t-on, par exemple, dans le coquelicot ? C'est l'opposition violente du rouge ardent de la fleur avec le vert de ses feuilles. Sans tenir compte de tel autre caractère, qui importe au botaniste pour classer ce végétal et en déterminer l'idée, le peintre suscite une image du coquelicot, plus vive et plus vraie qu'on ne la trouve parfois dans la nature elle-même.

M Havard fait observer que la décoration par les carreaux céramiques est fort ancienne et qu'on retrouve, par exemple, de vastes surfaces couvertes d'ornements peints en camaïeu.

M. Janssen rappelle que le plafond de l'école doit être peint et qu'il a proposé d'y représenter les constellations avec leurs noms.

M. le Président invite la Commission à discuter les résolutions concernant les lycées et collèges.

Titre Ier, *Architecture.*

M. le Président donne lecture de l'article 1er. L'idée d'un concours qui a été rejetée pour les écoles élémentaires est bien accueillie et maintenue ici.

M. Trélat dit qu'il importe de donner une traduction des nouveaux programmes de l'enseignement secondaire et que ce concours spécial pour les lycées devra être fait avec toute la solennité possible.

L'article 1er est adopté.

M. Zévort dit qu'un modèle général ne pourra s'appliquer partout : l'emplacement pour les salles de classe et pour les salles d'étude varie suivant les régions. Doit-on les séparer ou les rapprocher? Doivent-elles être à portée du dortoir? Quel emplacement pour les réfectoires, les cuisines, les cabinets de physique et de chimie? Toutes questions dont les solutions devront être différentes d'un lycée à un autre.

La rédaction du rapport n'indique pas assez si l'on pourra demander plusieurs systèmes. Suivant le nombre des élèves pensionnaires, demi-pensionnaires ou externes, pour lesquels l'édifice est construit, le type doit varier. Il faut que chaque architecte admis au concours puisse réaliser un ou plusieurs types.

La Commission ajoute à l'article 2 : « On devra tenir compte du nombre des élèves pensionnaires, demi-pensionnaires, etc. . . . »

Dans l'article 3, M. Zévort critique les expressions « ce concours sera fait *sur des données purement pédagogiques* », qu'il ne trouve pas suffisamment claires. Il vaudrait mieux dire que l'Administration déterminera les conditions à résoudre par l'architecte et lui laissera toute liberté pour les solutions qu'il croirait devoir y donner.

L'article 3 est supprimé.

L'idée exprimée par M. Zévort se trouvait énoncée plus loin dans l'article 5.

Les article 4 et 5 réunis formeront l'article 3 définitif.

Dans l'article suivant, le double principe des prix à décerner aux artistes et de l'acquisition à faire des projets remarquables étant admis, la Commission discute la rédaction de l'article. MM. Zévort, Delaborde, Guillaume, de Baudot, Pillet, prennent part à cette discussion et le texte est définitivement arrêté de la manière suivante :

« Des prix seront décernés aux projets les plus remarquables.

« La Commission déterminera, en outre, ceux de ces projets qui devront être acquis par l'Administration.

« Les projets récompensés par la Commission seront publiés, ainsi que les devis. »

L'article 5 est ensuite adopté avec cette modification : *une commission nommée à cet effet par M. le Ministre* au lieu de *membres du jury d'architecture.*

M. le Président donne lecture de deux lettres de MM. Charton et H. Martin, qui s'excusent de n'avoir pu assister à la séance. M. Charton insiste en outre sur l'utilité de représenter les constellations dans la décoration des écoles. M. H. Martin envoie des sujets de tableaux tirés de l'histoire de France que la Commission décide de transmettre aux trois Sous-Commissions de la décoration murale, de l'imagerie et des musées.

On prie M. de Ronchaud de vouloir bien faire dresser une liste des tableaux relatifs à l'histoire de France qui se trouvent dans les musées de province.

M. Janssen demande que, par la voie de la presse, on essaye d'obtenir aussi la liste de ceux que renferment les galeries particulières.

La séance est levée à midi.

Le Secrétaire,
Ernest PELLETIER.

SÉANCE DU 21 FÉVRIER 1881.

La séance est ouverte à dix heures moins un quart, sous la présidence de M. Turquet, sous-secrétaire d'État au Département des beaux-arts.

Sont présents :

MM. de Baudot, Berger, Bigot, Buisson, Délaborde, Guillaumé, Havard, Janssen, Le Bourgeois, Mantz, Meunier, Müntz, Pelletier, Pillet, le colonel Riu, de Ronchaud, Trélat.

MM. Paul Bert et Henri Martin s'excusent par lettre de ne pouvoir assister à la réunion.

Le procès-verbal de la séance du 14 février, lu par M. le Secrétaire, est adopté.

L'ordre du jour appelle la lecture de la nouvelle rédaction élaborée par la Sous-Commission de la décoration murale pour le titre II de son rapport relatif aux écoles primaires. Cette lecture est faite par M. Pillet.

M. Bigot exprime le regret que, dans le nouveau texte qu'elle propose, la Sous-Commission semble revenir au principe de l'article 7, qui a été condamné, et exclure les décorations fixes de la salle de classe. Le plafond seul sera orné d'une façon permanente. Cependant la Commission avait admis qu'une frise, un bas-relief encastré dans la muraille, un buste, etc. pourraient trouver place dans la classe.

M. Délaborde répond que la Sous-Commission n'a pas voulu écarter, en principe, les décorations permanentes ; mais on lui a dit expressément que l'espace manquait, pour les recevoir, dans le plus grand nombre des écoles.

M. Guillaume demande que la Commission dise pourquoi, dans le titre II, elle vise particulièrement les décorations mobiles ; qu'elle ajoute, par exemple, au projet d'article, une mention comme celle-ci : « quand le service des classes et la disposition des lieux ne permettront pas l'application d'une décoration permanente. »

M. Buisson est d'avis qu'il serait préférable que la Commission ne se prononçât pas sur ce point, afin que, dans certains cas où la décoration fixe est possible, elle pût être introduite. On se contenterait alors d'une simple énumération d'objets dont le choix serait approuvé par la Commission, sans faire aucune déclaration de principe.

Le texte du titre II, modifié dans le sens de ces diverses observations, est définitivement arrêté de la manière suivante :

Art. 8. — Les décorations murales dans les écoles primaires seront de deux sortes : les décorations mobiles et les décorations fixes.

Art. 9. — Les décorations mobiles destinées aux classes comprendront : les cartes de géographie et les tableaux relatifs au système métrique, à l'histoire naturelle, aux procédés de l'industrie, à ceux de l'agriculture et de l'horticulture et aux éléments de la construction. Des emplacements suffisamment vastes, bien éclairés, bien en vue des élèves, seront réservés sur les surfaces des murs pour recevoir ces décorations mobiles.

Art. 10. — Les surfaces murales des classes, s'il en existe dans des situations favorables, en dehors des emplacements précédents, pourront recevoir des décorations fixes d'ordre artistique, telles que : moulages, bustes, faïences émaillées, etc.

Art. 11. — Les plafonds seront utilement décorés par l'image des principales constellations.

M. Buisson demande si le tracé de la ligne du méridien qui est exigé par le règlement des bâtiments scolaires est conciliable avec la représentation des principales constellations.

M. Janssen fait observer qu'une simple ligne, tracée au plafond, n'apprendra pas aux enfants à s'orienter quand ils seront en pleine campagne, si on ne leur a pas, en même temps, fait connaître la figure de certaines constellations et fourni ainsi des points de repère dans le ciel.

M. Buisson dit qu'il a entendu répéter souvent qu'au point de vue pratique la connaissance des constellations n'a pas grande importance pour le paysan, qui est plus disposé, si on lui enseigne leurs noms et leurs figures, à leur attribuer des influences occultes et à y attacher des idées d'un autre âge qu'à en tirer une véritable utilité. Toutefois, on peut faire exception pour la Grande Ourse et l'étoile polaire.

M. Janssen croit que l'inconvénient signalé par M. Buisson provient de ce qu'autrefois on représentait les constellations sous des figures mythologiques. Mais ce système est abandonné et les constellations peintes sur le plafond de l'école auraient le même aspect aux yeux de l'enfant et lui offriraient la même image que celle qu'on voit la nuit dans le ciel. D'ailleurs, cette image est belle, et le dessin exact des constellations est plus digne de figurer dans une œuvre d'art que les combinaisons qu'y substitue parfois la fantaisie de l'artiste. M. Janssen cite l'exemple d'un peintre célèbre[1] qui lui avait demandé, pour un tableau, la reproduction fidèle d'un groupe d'étoiles, et qui avait été étonné du bel effet obtenu par cette copie de la nature.

D'ailleurs, il ne faut point songer à faire tracer la ligne du méridien dans toute la longueur du plafond de l'école, et à représenter en même temps les constellations dans leur position relative. Mais on peut diviser la surface du plafond en plusieurs compartiments, et indiquer le nord par une ligne qui serait bien, en effet, dans cette direction, mais ne traverserait point toute la salle.

M. le colonel Riu dit que dans toutes les écoles militaires d'Allemagne, il y a, au plafond, un ciel bleu, sur lequel la Grande Ourse et Orion sont représentés. Il est très important que les hommes apprennent, dès l'enfance, les quelques notions indispensables pour s'orienter. Dans le nouveau système de guerre, les combats auront lieu, le plus souvent, la nuit. Les Allemands possèdent ces notions si élémentaires et si utiles mieux que nous; on a

[1] M. Gérôme.

trouvé sur des soldats morts des ordres très précis que peu d'hommes, parmi les nôtres, auraient été capables d'exécuter : par exemple, *ordre de marcher un peu à droite du nord*. M. le colonel Riu insiste pour qu'il soit donné suite à la proposition de M. Janssen.

L'article 11 est adopté. Il est rédigé définitivement dans les termes qui suivent :

« Les plafonds seront utilement décorés par l'image des principales constellations. Une ligne, tracée dans la direction du Nord, indiquera en même temps la position de l'étoile polaire et l'orientation de la salle. »

ART. 12. — Les décorations fixes seront applicables aux préaux, galeries de circulation et façades intérieures des écoles.

Sur la proposition de M. le Président, le mot *spécialement* (*seront applicables spécialement*) est introduit dans cet article pour faire droit aux réclamations déjà exprimées plus haut et qui se produisent de nouveau à la lecture de l'article 12. La suite de l'article est conçue de la manière suivante :

« Les procédés employés pour l'exécution des décorations fixes devront en assurer la durée.

« Pour cet objet, la céramique est particulièrement convenable. Les sujets traités par ce procédé ne seront pas obtenus par reports photographiques sur faïence émaillée. Ils seront exécutés conformément aux conditions essentielles de l'art du céramiste.

« Comme exemples de ces décorations, on prendra : des ornements de toutes les époques, des profils de vases, des moulures, des lettres ornées, des portraits de *personnages illustres nés dans la localité.*

M. PAUL MANTZ fait remarquer que les mots *nés dans la localité* enferment le choix à faire dans des limites un peu étroites.

M. TRÉLAT dit qu'il y a là une idée symétrique à celle qui fait indiquer de préférence, pour objet d'étude, la flore du pays, la faune du pays, l'industrie de la région.

M. DELABORDE rappelle que Perrault, par exemple, qui est devenu un artiste illustre, avait une origine très humble et qu'un pareil souvenir a surtout du prix pour les petits paysans du village même d'où est sorti le grand artiste.

M. DE RONCHAUD trouve cependant la rédaction de l'article un peu absolue et propose de mettre *principalement* ou *particulièrement* ceux qui sont nés.

M. LE PRÉSIDENT est d'avis de supprimer *nés dans la localité* et de remplacer ces mots par ceux-ci : « et plus particulièrement les personnages qui ont honoré la région. »

L'article 12 est adopté avec cette modification.

ART. 13. — Pour le choix de ces décorations mobiles ou fixes, on se montrera d'une sévérité rigoureuse, en excluant tout ce qui serait de nature à fausser le goût des enfants.

Cet article, qui est le dernier relatif aux écoles primaires, est voté par la Commission.

La Commission passe à la discussion du titre II du rapport, relatif aux lycées et collèges. Salles et emplacements réservés aux décorations murales. Nature de ces décorations.

Les cinq premiers articles ont été votés par la Commission au cours de sa précédente séance.

M. Pillet donne lecture de l'article 6 : « La salle de classe et les amphithéâtres des lycées et collèges ne recevront pas de décorations murales permanentes; celles-ci seront réservées aux salles d'étude et aux autres locaux indiqués plus loin.

M. Bigot fait remarquer que M. le Directeur de l'enseignement secondaire, absent de la réunion, a vivement protesté contre le principe énoncé en cet article et qui, déjà deux fois condamné par la Commission, reparaît toujours et semble toujours dominer les discussions de la Sous-Commission. M. Bigot estime qu'il n'est pas nécessaire de mettre aux enfants des œillères pour diriger et concentrer leur attention sur un point unique, que les grands hommes qui se sont occupés d'éducation, que Rabelais et Montaigne n'ont dit nulle part que des murailles nues et muettes fussent le cadre indispensable des leçons du maître.

M. Trélat répond que les grands hommes dont on invoque le nom ont répété souvent ce sage précepte : « Fais ce que tu fais, ne fais qu'une chose à la fois. » Sans doute il est désirable que le lycée soit attrayant et que ses murailles mêmes soient parlantes. Mais il faut mettre de l'ordre et de la méthode dans l'application de cette idée.

Quand l'élève est dans la classe, c'est pour écouter l'enseignement du professeur, et toute son attention, déjà si facile à distraire, ne doit être sollicitée par rien d'étranger à la leçon. Mais il passe une grande partie de sa vie dans les galeries extérieures, les salles d'étude, les réfectoires, etc. Là il a le droit d'être distrait et les décorations y seront à leur place.

M. Bigot dit qu'il est d'accord avec M. Trélat sur les généralités, mais il insiste pour qu'*en fait,* un beau buste, une belle photographie puissent être introduits à demeure dans la classe.

Le vote de l'article 6 est réservé jusqu'au retour de M. Zévort.

Les articles 7, 8, 9, 10, 11, 12, 13, 14, 15 et 16 indiquant les emplacements à décorer et la nature des décorations, sont adoptés avec quelques changements de peu d'importance.

L'article 17 et dernier porte que ces résolutions sont applicables aux écoles normales primaires et aux écoles primaires supérieures.

M. Delaborde exprime le regret de ne pas voir les chapelles parmi les emplacements où devront figurer les décorations.

M. Bigot dit que la destination des chapelles, étant exclusivement religieuse, échappe à la Commission ; que d'ailleurs c'est un lieu réservé à une fraction des élèves et non destiné à tous en commun. Enfin on a beaucoup fait jusqu'ici pour la décoration des chapelles, tandis que les classes et les couloirs sont demeurés sans aucun ornement.

M. Delaborde dit que si ce n'est pas la totalité, c'est au moins la majorité des élèves qui fréquentent la chapelle.

M. le Président fait observer qu'il y aurait peut-être quelque inconvénient à faire figurer les chapelles sur une demande de crédit pour la décoration des écoles, mais que le crédit une fois accordé, on ne négligera aucune partie des édifices scolaires.

Ce crédit pourra être demandé à la Chambre, si la Commission dans six semaines a déterminé ses résolutions.

M. Buisson dit que ce sera possible si la Commission se réunit toutes les semaines et si ses travaux sont poussés avec toute l'activité qui a été déployée dans ces derniers temps.

La Sous-Commission de l'imagerie décide qu'elle se réunira le mardi, à midi, dans le cabinet de M. Buisson et la Sous-Commission des musées scolaires le mercredi et le vendredi, au Palais-Royal, dans le cabinet de M. de Ronchaud, à neuf heures et demie.

La séance est levée à midi un quart.

Le Secrétaire,
Ernest PELLETIER.

SÉANCE DU 28 FÉVRIER 1881.

La séance est ouverte à dix heures, sous la présidence de M. DE RONCHAUD.

Sont présents : MM. DE BAUDOT, BERGER, PAUL BERT, CHARLES BIGOT, BUISSON, DELA-BORDE, GUILLAUME, HAVARD, JANSSEN, PAUL MANTZ, STANISLAS MEUNIER, MÜNTZ, PELLE-TIER, le colonel RIU, TRÉLAT.

Le procès-verbal de la séance du 21 février, lu par M. le Secrétaire, est adopté.

M. LE PRÉSIDENT donne la parole à M. Müntz, secrétaire de la deuxième Sous-Commission (Imagerie scolaire), pour lire son rapport.

Après cette lecture, plusieurs membres de la Commission, tout en félicitant M. Müntz de son remarquable travail, expriment le regret que la deuxième Sous-Commission n'ait pas, à l'exemple de la première, fait suivre son rapport d'un certain nombre de résolutions qui eussent servi de point de départ et de point de repère à la discussion.

M. BUISSON dit qu'il se dégage du rapport qu'on vient d'entendre un principe, une doctrine ; en effet, la Sous-Commission propose qu'on se montre plus indulgent, au point de vue de l'art, pour l'imagerie scolaire courante, telle que bons points, récompenses hebdomadaires, etc., mais qu'on soit plus rigoureux dans le choix des images destinées à être données en prix et accessits et qu'on réserve pour ces dernières les reproductions d'œuvres d'art proprement dites.

M. HAVARD fait remarquer que le travail de la Sous Commission a été très difficile, parce qu'elle a manqué de données précises, notamment sur le prix à attribuer aux objets de son choix. Si on lui avait dit : « Vous pouvez aller de telle somme à telle somme. Le Ministère dispose de tel crédit, » elle eût pu alors faire une classification parmi les projets qui lui ont été présentés, adopter les uns, rejeter les autres. Mais faute de renseignements sur ce point, elle a dû se contenter de poser des principes très généraux. Il lui était possible, en effet, de se prononcer sur la valeur absolue des spécimens qu'on lui offrait et de déclarer que *celui-ci* *était bon, celui-là mauvais.* Mais pour désigner à l'Administration les objets à acquérir ou les encouragements à décerner, il lui aurait fallu connaître les ressources qu'on veut affecter aux souscriptions de cette nature.

M. BUISSON répond que l'élément d'informations qu'on réclame dépend justement des résolutions que prendra la Commission et du résultat de ses travaux. On ne saurait dire à l'avance : Tel objet ne devra pas dépasser tel prix ; car par cela seul que la Commission aura approuvé un procédé et encouragé un essai, les débouchés s'ouvriront de toutes parts et permettront à l'éditeur de modifier les conditions de la fabrication et de la vente. Tout ici est essentiellement mobile et variable; on a affaire à une clientèle de quatre millions et demi d'élèves et la diversité des besoins et des ressources est infinie. Quand les choix de la Commission seront connus, chaque commune devra les examiner de nouveau au point de vue de son budget particulier.

Il y aurait, d'ailleurs, un grave inconvénient à déterminer trop strictement à l'avance la forme et les catégories des objets qu'on recommanderait : les éditeurs croiraient à une prédilection exclusive et répéteraient le même modèle, sans se préoccuper de faire autrement ou mieux. Or la vraie forme n'est pas trouvée, on la cherche encore. Il faut laisser à une telle recherche tout son attrait et tout son intérêt.

M. le Président a remarqué que parmi les objets rangés par la Sous-Commission dans la première catégorie, c'est-à-dire destinés à être donnés en prix ou accessits, le rapport indique *les œuvres d'art classiques et consacrées par le temps.* Ces derniers mots semblent inutiles; car la consécration du temps n'est pas toujours nécessaire; il y a des œuvres récentes qui sont déjà classiques. M. le Président propose d'écrire : *consacrées par l'admiration générale.* Cette nouvelle rédaction est adoptée par la Commission.

M. de Baudot émet le vœu que la distinction établie dans le rapport entre l'imagerie des bons points et celle des prix et des accessits et les différences d'appréciation qu'elle entraîne ne soient que purement transitoires et provisoires. Il est à désirer qu'on revienne le plus tôt possible à une égale sévérité pour toute l'imagerie scolaire sans exception.

M. Bigot dit que la Sous-Commission l'a entendu ainsi et que, pour mieux faire ressortir sa pensée, elle a décidé que l'approbation ministérielle dont seraient revêtus certains objets porteraient sa date sur l'objet même. Il n'y aura ainsi jamais rien de définitif; les approbations anciennes, se prescriront, en quelque sorte, avec le temps, et l'on exigera des qualités artistiques de plus en plus sérieuses pour en accorder de nouvelles.

M. Delaborde fait observer que la Sous-Commission ne prétend pas déclarer en principe qu'on se contentera d'une exécution médiocre pour les bons points ; elle vise seulement la nature des sujets, qui pourront avoir un caractère moins exclusivement artistique. Mais qu'il s'agisse des bons points ou des prix, elle se montrera sévère en ce qui regarde l'exécution.

M. Janssen repousse absolument la distinction proposée : la Commission ne doit rien accepter qui soit contraire au goût et puisse corrompre le sentiment artistique des enfants. Il faut faire un choix aussi scrupuleux, au point de vue de l'art, pour les petites images distribuées chaque semaine que pour les gravures ou reproductions quelconques d'œuvres d'art données en prix à la fin de l'année.

M. de Baudot dit que le concours serait utile en cette matière, plus encore que pour les décorations murales, où il a été admis en principe par la Commission. Il est nécessaire d'appeler les vrais artistes à traiter les sujets destinés aux écoles. Si l'Angleterre a fait tant de progrès en ce genre, c'est qu'on a su intéresser à cette question les hommes compétents, et l'imagerie anglaise est répandue dans le monde entier.

M. Buisson convient que si l'on rejette la distinction établie tout à l'heure et si l'on exige que toute image introduite dans l'école, le bon point d'un centime comme la gravure de dix francs, soit excellente au point de vue de l'art, un concours est évidemment nécessaire; car il n'existe rien actuellement qui soit à la hauteur de ce programme. Mais ne pourrait-on pas, par mesure provisoire et pour répondre à des besoins urgents, sans engager d'ailleurs les principes, faire un choix portant sur des objets particuliers ? Ne conviendrait-il pas, en écartant ceux qui sont détestables, d'encourager les moins mauvais ?

M. Bigot dit que si l'on n'a pas un peu d'indulgence, au moins momentanée, pour les essais nouvellement tentés, on laissera envahir l'école par l'affreuse imagerie d'Épinal, qui en a déjà pris possession et en restera maîtresse.

M. de Baudot répond que le concours est le remède le plus efficace et le plus prompt à la situation actuelle et qu'en six mois la réforme de l'imagerie peut être effectuée.

M. Delaborde dit qu'il faut prendre garde d'être trop ambitieux et, en poursuivant le mieux sans l'atteindre, de perdre le peu de bien dont on dispose. Il est douteux qu'en si peu de temps une œuvre aussi difficile soit accomplie. La théorie de la Sous-Commission paraît bien fondée. Si l'on tarde encore à faire des choix et à accorder des encouragements, on risque de rebuter les éditeurs de bonne volonté qui ont déjà introduit quelques perfectionnements dans l'imagerie scolaire et qui ne demandent pas mieux que d'améliorer encore leurs procédés et leurs produits.

M. de Baudot estime que, sans écarter ce qui s'est fait de bon jusqu'à présent, on peut instituer un concours qui hâtera et déterminera les perfectionnements désirés. Sans doute, les grands artistes, ceux dont le nom est fameux et connu de tous, ne viendront pas à ce concours; mais on y verra de jeunes hommes de vingt-cinq à trente ans qui ont appris l'histoire de l'art, la flore ornementale, et qui traiteront avec goût les sujets qui leur seront proposés.

M. Buisson dit qu'on ne saurait prendre deux résolutions qui se contrarient. Si la Commission pense que d'ici à quelques mois on peut, par le moyen d'un concours, transformer l'imagerie scolaire, il devient inutile de dépenser aucune somme d'argent pour les productions actuelles qui sont jugées mauvaises et condamnées.

M. Janssen appuie l'opinion exprimée par M. de Baudot. Il insiste sur la nécessité de rejeter une distinction qu'il regarde comme funeste entre ce qui est pédagogique et ce qui est artistique : tout ce qui entre dans l'école doit être soumis aux mêmes règles de goût.

M. Paul Bert dit que si la Commission veut critiquer ce qui existe, elle entreprend une œuvre aisée, mais qui sera stérile. Il faut prendre des décisions, aboutir à quelques résultats pratiques. Le concours est un moyen dont on abuse de notre temps : on n'en retirera peut-être point les avantages qu'on se promet; mais on découragera à coup sûr ceux qui se sont déjà mis à l'ouvrage et qui ont tenté de faire mieux que leurs voisins et leurs devanciers.

Sans doute, la question d'art doit primer dans cette Commission; mais en présence d'objets destinés aux écoles, on ne saurait faire abstraction du côté pédagogique. De deux images, l'une satisfaisante au point de vue de l'art et fausse au point de vue de la science, et l'autre, au contraire, exacte aux yeux du savant, mais choquante aux yeux de l'artiste, laquelle devra-t-on, de préférence, donner aux écoliers?

L'embarras est bien plus grand et la question plus délicate, si l'on pénètre dans le domaine de la morale. Que l'on suppose, par exemple, une gravure d'une grande beauté, mais qui serait accompagnée d'une légende où la vérité historique serait dénaturée, ou même une image d'une exécution parfaite, mais qui représenterait un crime odieux. Il n'est pas besoin de multiplier les exemples pour montrer que, dans l'appréciation de tout objet, quel qu'il soit, à l'usage des enfants, les préoccupations pédagogiques ne peuvent être écartées.

Or, si ces préoccupations sont légitimes, il faut bien admettre deux poids et deux mesures dans le jugement qu'on portera sur l'imagerie scolaire, et sans jamais sacrifier les intérêts de l'art et du goût, se montrer moins délicat et moins difficile pour les œuvres qui doivent avant tout instruire et moraliser. Il est bon de dire aux éditeurs : « Vos essais ne nous satisfont pas ; faites mieux : » mais il faut se garder de leur fermer la porte en attendant, il faut les aider dans leurs tentatives et les encourager par des souscriptions.

M. Paul Bert propose, en conséquence, de diviser les projets soumis à la Commission en deux catégories, comme il était dit au rapport : la première comprendrait les reproductions de tableaux et d'œuvres d'art, pour lesquelles on exigerait une parfaite exécution ; dans la seconde, qui renfermerait des images où le côté instructif serait aussi important que le côté artistique, on choisirait individuellement les images dignes d'être revêtues de l'approbation ministérielle.

M. de Baudot demande si M. Paul Bert croit que l'artiste ne peut pas rendre aussi bien que le savant le côté scientifique des objets naturels. L'opinion toute contraire paraît plus près de la vérité.

M. Buisson demande si l'idée du concours est abandonnée et s'il ne serait pas utile de faire appel aux artistes en indiquant un certain nombre de sujets à traiter.

M. Paul Bert dit que si une série de dessins était ainsi une fois adoptée par le Ministère, personne ne pourrait plus lutter avec l'heureux éditeur de l'ouvrage récompensé. On déplore que les grammaires et la plupart des autres livres d'école soient faits par de vieux inspecteurs primaires dont l'œuvre laisse tant à désirer ; cependant il n'est venu à l'idée de personne de mettre au concours une série de livres classiques. Outre que les vrais savants ne viendraient pas volontiers à un pareil concours, il n'y aurait bientôt plus que le livre primé, qui deviendrait le livre par excellence, le livre unique ($\dot{\eta}$ $\beta i6\lambda os$) auquel on n'oserait plus rien changer.

M. Havard ajoute qu'il y aurait encore un autre inconvénient, à savoir les hasards de la traduction. Chaque éditeur qui exécuterait le dessin primé le dénaturerait à sa manière.

M. Paul Bert conclut en disant que l'intérêt personnel peut seul pousser les éditeurs dans la voie des améliorations et des perfectionnements. Que leurs publications se vendent, qu'on en assure l'écoulement dans toutes les écoles de France et une lutte s'établira entre eux pour faire mieux que le voisin et attirer à soi la clientèle la plus nombreuse. C'est en créant des débouchés, en favorisant la libre concurrence qu'on atteindra le but qu'on s'est proposé.

M. LE PRÉSIDENT résume le débat. Il rappelle à M. le rapporteur de la deuxième Sous-Commission qu'il est prié de vouloir bien condenser dans un certain nombre d'articles, qui seront discutés à la prochaine séance, les diverses théories émises au cours de son rapport.

Dès aujourd'hui la Commission plénière a fixé quelques points sur lesquels on est tombé d'accord.

Toute l'imagerie à tous ses degrés doit respecter les règles du goût et doit tendre à avoir un caractère d'art. Les gravures données en prix doivent surtout être jugées au point de vue artistique. Pour les autres, les considérations pédagogiques ont plus d'importance; mais ces images ne doivent pas cependant être contraires aux règles du goût.

L'heure avancée empêche la Commission de prendre aucune décision au sujet des spécimens d'images qui lui sont soumis et de se prononcer par un vote formel sur quelques-unes d'entre elles qui ont été examinées au cours de la séance.

La date de la prochaine réunion est fixée au lundi 7 mars.

La séance est levée à midi un quart.

Le Secrétaire,
ERNEST PELLETIER.

SÉANCE DU 7 MARS 1881.

La séance est ouverte à dix heures, sous la présidence de M. Turquet.

Sont présents : MM. de Baudot, Bigot, Buisson, Guillaume, Hauréau, Havard, Janssen, Mantz, Müntz, Pelletier, le colonel Riu, de Ronchaud, Trélat.

MM. Delaborde et Pécaut s'excusent par lettre de ne pouvoir assister à la séance.

La parole est à M. le Secrétaire pour lire le procès-verbal de la dernière séance.

M. Müntz, secrétaire de la Sous-Commission de l'imagerie, fait observer que la discussion des conclusions de son rapport a été renvoyée à quinzaine et que le rapport de la Sous-Commission des musées a été mis à l'ordre du jour. Une rectification sur ce point est introduite au procès-verbal.

M. de Baudot rappelle que, dans le débat élevé par M. Paul Bert, sur la reproduction par l'imagerie scolaire des objets naturels, tels que fleurs et fruits, il a dit que l'artiste est plus apte que qui que ce soit à donner une représentation exacte de la réalité et à mettre en lumière la vérité scientifique.

Cette observation, qui avait été omise, est insérée au procès-verbal. Le procès-verbal est adopté.

M. Charles Bigot prend la parole au nom de la Sous-Commission des musées scolaires. Il expose oralement les motifs des résolutions soumises à la Commission plénière. Dans une société démocratique, l'art, qui est un des principaux éléments de la civilisation, ne doit pas s'enfermer dans des sanctuaires accessibles seulement à quelques privilégiés. Il doit être offert à tous et pénétrer dans l'éducation générale. Or l'enseignement de l'art peut se faire de deux manières: la leçon de dessin ou le spectacle de beaux objets sans cesse étalés sous les yeux des élèves. Il y a donc place, dans les écoles, pour un petit musée d'art, dont l'institution ne saurait, en principe, rencontrer d'adversaires autorisés.

La Commission a voulu que la plus humble école rurale eût son musée et elle a admis deux types applicables, le premier aux trente mille communes déshéritées dont il a été souvent question dans les discussions antérieures et qui n'ont qu'une salle de classe unique, et le second aux communes plus fortunées qui ont une école à deux ou trois classes. Le premier type est un minimum ; l'idée qui a présidé aux travaux de la Sous-Commission y est réduite à sa plus simple expression. Le croquis tracé par M. le colonel Riu en forme une image intéressante : un buffet ou bahut où prendraient place les objets servant à l'enseignement du dessin. Deux tiroirs seraient consacrés aux estampes, photographies, médailles, monnaies et autres menus objets artistiques. Sur le meuble seraient placés : au centre, le moulage d'une statue ; à droite et à gauche, deux bustes. Au-dessus du meuble, assez haut pour que la statue ne nuisît point à la vue, un bas-relief ou une frise décorative serait fixée à la muraille. A droite et à gauche, deux chapiteaux ou deux ornements compléteraient le petit musée, pour lequel la dépense totale ne dépasserait point la somme de 150 francs.

Dans les écoles à trois classes, le meuble prendrait quelque développement. En suivant le modèle n° 2, dessiné par M. le colonel Riu, on ajouterait au buffet une étagère, qui recevrait, sur la tablette supérieure, le moulage d'un vase antique ; à droite et à gauche, deux bustes ou deux chapiteaux. A droite et à gauche de la partie supérieure du meuble, deux consoles supporteraient deux statues. Au-dessus de cet ensemble serait attachée à la muraille une frise décorative : un bas-relief pourrait aussi occuper cette place. Les tablettes de l'étagère serviraient pour y poser les objets céramiques, les médaillons, les ornements ou les moulages d'objets d'art de petites dimensions.

Tous ces objets devraient porter un cartel indiquant le sujet, l'origine, et, quand il se pourrait, le nom de l'auteur. Une idée due à M. Paul Mantz, et qui a semblé heureuse, serait d'associer un élève à la conservation du musée d'art scolaire. Parmi les enfants les mieux doués et qui réussiraient le mieux dans l'étude du dessin, l'instituteur pourrait choisir un élève adjoint, chargé avec lui de donner des soins à la collection.

M. LE RAPPORTEUR, au nom de la Sous-Commission, émet le vœu de voir constituer au Ministère une commission permanente, ayant pour mission spéciale de choisir les objets de toute nature qui pourront trouver leur place dans le musée projeté, et faire exécuter par le Ministère les moulages, gravures ou photographies qui lui paraîtraient dignes d'y être introduits, d'approuver les entreprises dues à l'initiative privée qui mériteraient le même honneur.

M. CHARLES BIGOT, avant de lire les conclusions du rapport, insiste sur quatre observations importantes qu'il signale particulièrement à l'attention de la Commission et qu'il désire voir figurer au procès-verbal.

La première, c'est que l'Administration doit rester maîtresse souveraine du choix de tous les objets admis dans le musée d'art scolaire et *qu'elle seule* doit être investie du droit d'admettre ou de repousser les propositions qui pourront être faites, de quelque part qu'elles viennent.

Une seconde question qui se rattache à celle-ci, c'est la question du *nu*. Sans doute, ce qu'il y a de plus chaste au monde c'est le nu. Mais quand on veut faire pénétrer une nouveauté dans un milieu prévenu (et le projet de la Commission est une nouveauté, et des plus fécondes), il faut tenir compte des préjugés et même des erreurs, ne pas les attaquer de front et ne point fournir de prétexte à ses adversaires. Il est donc souhaitable qu'on préfère d'abord des statues drapées et vêtues jusqu'au jour où la chaste nudité des marbres antiques pourra être comprise et acceptée de tous.

En troisième lieu, il faudra proscrire de l'école les objets d'art mutilés. Les hommes qui possèdent une certaine éducation artistique restituent par la pensée les fragments disparus : il se peut même que l'œuvre mutilée, si elle est belle, excite en eux une curiosité plus vive, une plus ardente sympathie. Mais il ne saurait en être ainsi pour les tout jeunes gens, qui sont déroutés et choqués par ce qui manque et auxquels de beaux et nobles débris n'inspirent aucune admiration ni même parfois aucun respect.

Il y a pourtant quelques exceptions possibles à cette règle : la Psyché de Naples, par exemple, reste une figure saisissante et est capable de toucher même un enfant, malgré la mutilation qu'elle a subie.

Il reste enfin à signaler une lacune qui d'ailleurs a dû frapper tous les membres de la Commission : dans le musée scolaire il n'y a point de place pour la peinture. Ce n'est pas volontairement et par système que la Sous-Commission l'a écartée, mais à cause de son prix élevé, et de l'impossibilité de se procurer des tableaux ou des reproductions de tableaux avec les modiques ressources dont on dispose.

M. LE PRÉSIDENT déclare la discussion générale ouverte. Personne ne demandant la parole sur l'ensemble de la question, on passe à l'article 1ᵉ des résolutions, établissant en principe le musée d'art dans toutes les écoles. Cet article est mis aux voix et adopté.

M. TRÉLAT dit que les membres de la Commission sont tous d'accord sur le but poursuivi : placer l'enfant dans un milieu qui non seulement lui forme le goût, mais lui inspire l'amour et le besoin des belles choses.

Mais il y a divergence sur les moyens d'atteindre ce but : il est un point qui semble avoir échappé à la Sous-Commission. Elle a créé un projet plein d'intérêt, mais qui n'est pas réalisable, faute de place. Les objets qui composeront le petit musée occuperont un certain espace, déjà difficile à trouver dans la salle d'école. Mais comment ménager autour d'eux un cadre qui les fasse valoir ? Ne faut-il pas le repos du fond, l'harmonie des formes environnantes pour faire que cet enseignement soit un bon enseignement ? Ne faut-il pas, en quelque sorte, mettre en scène ce petit musée qui est bien conçu et qu'on aime, mais qui sera annulé et étouffé entre les murailles déjà bien chargées de la salle de classe.

M. GUILLAUME fait observer qu'un règlement antérieur pèse sur les travaux de la Commission : c'est celui qui a fixé les conditions de construction et d'aménagement des écoles. Ce règlement a été publié avec l'approbation du Ministre, après avis du Conseil supérieur. On s'est étonné que la Commission chargée de la décoration des écoles ait abouti à des conclusions négatives. C'est qu'elle travaillait en quelque sorte sur un fait acquis et qu'elle était entravée dans son action par des règles qu'elle n'a point faites et qu'elle ne pouvait pas changer.

M. BUISSON dit qu'on s'exagère peut-être la portée du document dont il vient d'être parlé. Ce règlement, en effet, est relatif à la construction et à l'ameublement des maisons d'école (sièges et tables), mais il n'est nullement limitatif et ne touche pas à la question de la décoration. Il ne fait pas mention davantage des cartes et de l'armoire-bibliothèque. Il faut donc se placer en présence des difficultés que présentent les choses elles-mêmes et non pas de celles qui peuvent naître du règlement.

Les propositions soumises par la Sous-Commission du musée sont très intéressantes. Leur exécution ne semble pas impossible et on a tant fait déjà pour se rapprocher de ce qui est pratique et réalisable qu'il y aurait mauvaise grâce à ne point travailler de tous ses efforts à lever les derniers obstacles. Il existe dè à présent des petits musées scolaires : il serait singulier que les seules choses qui ne pussent entrer à l'école fussent l'art et la beauté.

Le petit bahut proposé par la Sous-Commission peut être admis par une simple décision du Ministre. Car, si pour la construction des écoles l'avis du Conseil supérieur est nécessaire, lorsqu'il s'agit du mobilier, le Ministre est maître absolu des choix à faire.

M. DE BAUDOT dit que pour rejeter l'ornementation de la salle de classe, la Sous-Commission est partie, non pas du principe que la place manquait, mais de celui-ci : que l'ornementation permanente était distrayante et troublante pour la vue de l'écolier.

On a répondu que les cartes et les tableaux d'enseignement pendus aux murs constituaient, dès à présent, une décoration permanente. M. de Baudot a un peu modifié, dès lors, sa manière de voir. Il a pensé que si l'on mettait sous les yeux des élèves, d'une façon permanente, des objets désagréables, il n'y avait plus de raison pour ne pas y mettre en même temps des objets d'art propres à former le goût.

Si le meuble proposé pour le musée scolaire ne peut être placé dans la classe actuelle, on peut faire une cavité, une ouverture dans la muraille : solution pratique et qui répond à l'objection fondée sur le manque de place.

M. TRÉLAT dit que la question d'espace qu'il a soulevée n'est pas seulement une question de mètres carrés. Il reste encore, tout compte fait, 25 mètres carrés disponibles dans la classe, on y pourrait donc placer le musée. Mais si des objets d'art sont exposés dans un pareil milieu, si mal approprié, s'ils sont contrebattus par tant d'objets divers, non pas plus attractifs, mais plus violents, l'effet sera manqué et le but ne sera pas atteint.

On pourrait donc admettre en principe la création du musée, mais réserver la question de son installation; distinguer, dans le projet, la composition du musée de sa mise en scène et ne discuter que le premier point.

M. JANSSEN prie les artistes qui font partie de la Commission de vouloir bien entrer dans les idées générales qui ont été adoptées par la majorité. On a admis dans les classes les cartes et les tableaux d'enseignement et l'on demande aujourd'hui d'y introduire aussi de belles choses. Si les artistes demeurent trop absolus dans leur opinion, le projet se réalisera, mais il se réalisera en dehors d'eux : ce qui serait regrettable. Quelle que soit la variété d'objets qui ornent déjà les murs de l'école et la diversité de forme qu'affecte la salle de classe, on pourra toujours y placer le musée, en ayant recours au moyen proposé par M. de Baudot, en ouvrant une cavité dans la muraille, ou même en divisant le petit ensemble conçu par la Sous-Commission et en plaçant, par exemple, deux consoles dans les coins, qui demeurent toujours libres et qui peuvent être remplis sans inconvénient.

M. TRÉLAT insiste pour qu'on ne règle pas cette question, dont les solutions seraient fatalement multiples et diverses, suivant chaque école; mais qu'on s'occupe d'abord de la grande école, de l'école type, et qu'on dise comment sera composé le musée.

M. DE BAUDOT pense qu'il ne faut point de type uniforme.

M. GUILLAUME dit que ce qui fait obstacle au travail de la Commission, ce n'est pas la lettre du règlement sur la construction des écoles, mais l'ensemble des raisons et des motifs qui ont dicté ce règlement. Lorsqu'il s'est agi d'introduire la décoration dans la salle de classe, la première Sous-Commission, s'inspirant de ce règlement, ou plutôt en subissant la loi, a dit : Il ne faut rien mettre dans la classe. La Sous-Commission des musées dit aujour-d'hui : Il faut tout y mettre. En présence d'opinions si divergentes, que pourra faire le Ministre?

M. Guillaume estime que la Commission n'a pas d'avis ferme à donner; car elle ne peut raisonner d'une manière utile sur les écoles qui ne sont pas encore construites et devront se modeler sur un règlement déjà existant, qui en a fixé l'arrangement et les dispositions; elle ne peut non plus faire fond sur les écoles actuelles, qui sont toutes diverses. Elle ne peut donc qu'exprimer un vœu : à savoir qu'il y a nécessité de mettre sous les yeux des élèves de beaux objets destinés à éveiller leur sentiment esthétique.

M. Mantz rappelle que le petit meuble proposé par la Sous-Commission lui a été demandé. Mais elle est prête à accepter toutes les modifications qu'on voudra y faire, si l'on est d'ac-cord sur le principe, et si l'idée du musée d'art est adoptée en elle-même, indépendamment de a forme qui lui serait donnée.

Il dit que la Sous-Commission est surtout impatiente de l'introduire dans l'école rurale.

M. le Président appuie cette observation, et fait remarquer que l'écolier des villes trouve l'art à côté de l'école et partout autour de lui.

M. Havard dit que la ville est elle-même un enseignement.

M. Buisson critique cette division en école rurale et école de ville, école à une seule classe, école à plusieurs classes, qui ne répond pas toujours à la réalité.

M. le Rapporteur supprime cette distinction et établit deux types : l'un qui est un *minimum* pour les écoles les plus pauvres; l'autre qui, chaque fois que les ressources de l'école le per-mettront, présente un plus grand développement.

M. Turquet fait observer, en faveur de cette nouvelle division, qu'il existe des écoles à une seule classe où le grand meuble n° 2 pourra être aisément introduit, tandis que dans beaucoup d'écoles à trois classes le petit bahut aura peine à trouver place.

La Commission décide que, lorsqu'il existera plusieurs classes dans une école, chacune d'elles devra posséder son musée scolaire.

M. Havard propose d'établir un roulement entre les objets qui composeront ces divers musées d'une même école et de les faire passer tour à tour dans chaque classe. Mais la Com-mission s'arrête à l'idée d'un musée fixe, en ajoutant que les objets destinés à la classe supé-rieure seront autant que possible empruntés aux différentes époques de l'art plastique et décoratif, de manière à permettre un enseignement historique de l'art. Comme conclusions de cette discussion, les articles 2, 3, 4, 5, 6 et 7 du projet, amendé dans le sens des obser-vations qui précèdent, sont successivement adoptés.

M. le Président dit qu'il est bien entendu que, ici comme pour les musées scolaires, le Ministère a un type, mais que ce type peut être modifié selon les besoins et les circon-stances.

L'article 3 a reçu l'addition des mots : « il y aura un musée d'art *dans la classe,* » afin que la

Commission tranchât par un vote la question souvent débattue des décorations permanentes.

Le principe contesté se trouve, dès lors, inscrit et consacré dans les résolutions finales qui seront imprimées à la suite des rapports.

L'addition proposée par M. Janssen est également confirmée par un vote et insérée dans le texte des résolutions (dernier paragraphe de l'article 4) : « Au lieu d'un meuble unique, on pourra placer deux petits meubles aux angles de la salle de classe. »

La séance est levée à midi.

Le Secrétaire,
Ernest PELLETIER.

SÉANCE DU 14 MARS 1881.

La séance est ouverte à dix heures, sous la présidence de M. DE RONCHAUD.

Sont présents : MM. DE BAUDOT, BIGOT, BUISSON, DELABORDE, GUILLAUME, HAURÉAU, HAVARD, JANSSEN, MANTZ, MEUNIER, MÜNTZ, PELLETIER, RIU, TRÉLAT, ZÉVORT.

M. LE SECRÉTAIRE donne lecture du procès-verbal de la précédente séance.

M. JANSSEN demande la suppression du mot *console*, qui est inexact pour désigner les deux petits meubles qu'il a proposé de placer aux encoignures de la salle de classe.

M. BIGOT désire voir disparaître le mot étagère *à vitrines*. Les vitrines, en effet, sont gênantes pour le regard et, en réfléchissant la lumière, empêchent de voir les objets qu'on place derrière elles.

Le procès-verbal est adopté.

L'ordre du jour appelle la discussion des derniers articles du projet de résolutions sur les musées scolaires d'art.

L'article 8, relatif au choix des modèles à introduire dans les musées, est adopté.

L'article 9 est ainsi conçu : « Tout objet admis dans les musées d'art scolaires portera un cartel indiquant le sujet, l'origine et, quand il se pourra, le nom de l'auteur. »

La Commission ajoute au nom de l'auteur l'*époque* où il a vécu, la date précise ne pouvant pas toujours être aisément déterminée.

L'article 10, confiant la conservation du musée à l'instituteur, avec la faculté de s'adjoindre un élève, s'il le juge à propos, est adopté.

L'article 11 décide que dans les écoles de jeunes filles il sera introduit, quand il se pourra, des modèles artistiques de broderie, de tapisserie et des divers travaux à l'aiguille que les élèves sont destinées à exécuter.

Après le vote de cet article, la Commission s'associe au vœu émis par la Sous-Commission, à savoir qu'il soit constitué au Ministère une commission permanente ayant pour mission spéciale de choisir les objets de toute nature qui pourront trouver leur place dans les musées d'art scolaire et de faire exécuter par le Ministère les moulages, gravures ou photographies qui lui paraîtraient dignes d'y être introduits, d'approuver les entreprises dues à l'initiative privée qui mériteraient le même honneur.

M. ZÉVORT demande à la Sous-Commission de vouloir bien proposer un projet de musée d'art pour les lycées et collèges, comme elle l'a fait pour les écoles primaires.

La Sous-Commission fixe sa prochaine réunion au vendredi 18 mars, à neuf heures du matin, pour délibérer sur cette question et prie M. le Directeur de l'enseignement secondaire de vouloir bien assister à cette séance.

La Commission passe à l'examen des résolutions proposées pour l'imagerie scolaire.

Art. 1er. — L'imagerie scolaire comprend les *gravures* ou photographies destinées à être distribuées comme prix, accessits, bonnes notes, bons points ou autres récompenses analogues.

Dans cet article et dans les suivants, le mot *gravure* est remplacé par le mot *estampe,* qui a un sens plus large et plus général, et l'expression *analogues* (pons boints ou autres récompenses analogues) est supprimée.

L'article 2, adopté après correction, est rédigé en ces termes :

« Ces estampes ou photographies pourront être commandées directement ou choisies parmi les spécimens présentés par l'industrie privée. »

Art. 3. — Une commission spéciale et permanente sera chargée d'examiner ces spécimens au point de vue des souscriptions dont ils pourront être l'objet de la part du Ministère de l'instruction publique.

M. de Baudot dit qu'il faudrait faire appel aux artistes et instituer un concours pour l'imagerie scolaire.

M. Haubéau ne pense pas que la Commission puisse intervenir utilement entre les artistes et les éditeurs. Sans doute la plus grande partie des objets qui ont été présentés sont mauvais : mais les éditeurs qui trouvent leur compte dans cette vente à bon marché encore très abondante n'y voudront rien changer, et d'autre part, les vrais artistes ne voudront jamais collaborer à de pareilles productions.

M. de Baudot répond qu'il ne sait point sous quelle forme la Commission peut intervenir, mais qu'il ne croit pas qu'elle soit impuissante à faire l'alliance entre l'art et l'industrie. Il a proposé un concours, faute de trouver un autre moyen d'appeler et d'intéresser les artistes à l'œuvre que poursuit la Commission. Mais examiner des spécimens, admettre les uns, éliminer les autres, est-ce suffisant, et ne doit-on rien prétendre au delà ?

Il faut inviter les artistes à s'occuper de la question : si on les place devant un procédé ancien, ils sauront l'améliorer et ils sauront aussi découvrir des voies nouvelles. Dès à présent, on pourrait citer quelques tentatives isolées. Si l'on ouvrait un concours, on concentrerait des efforts qui demeurent stériles parce qu'ils sont sans direction et sans but défini.

M. Delaborde fait observer que si la Commission est appelée à juger les projets présentés au Ministère, les éditeurs seront intéressés à fournir de bons spécimens pour les faire accepter. On établira ainsi une sorte de concours permanent.

M. de Baudot estime que les éditeurs se diront : Si l'on a approuvé cette image, on en approuvera d'autres aussi mauvaises. Les améliorations, Si elles se produisent, se feront bien lentement. On pourrait hâter le progrès.

M. Zévort dit que le résultat désiré par M. de Baudot peut être obtenu par la Commission si elle dit : Voilà à quel prix je mets mon approbation et ceux qui voudront s'en rendre dignes devront travailler en tel ou tel sens.

M. Hauréau rappelle qu'un concours, encore plus solennel que celui qui est proposé par M. de Baudot, a eu lieu en 1878, à l'Exposition universelle, et que les résultats n'en ont pas été brillants. Ce qui a été le plus remarqué par les commissaires figurait parmi les envois de la Hongrie.

M. Zévort propose une addition à l'article 3, qui répondrait aux préoccupations de M. de Baudot : « La Commission indiquera aux artistes et aux éditeurs dans quel sens leurs efforts devront être dirigés. »

Cet amendement est adopté.

L'article 4, concernant la mention de la souscription ministérielle dont pourront être revêtues les estampes ou photographies, est voté par la Commission.

L'article 5 est ainsi conçu : « Un avis inséré au *Journal officiel* fera connaître aux éditeurs la création de la commission permanente et les invitera à lui adresser leurs publications. »

La Commission supprime les mots *aux éditeurs* et le deuxième paragraphe de l'article. Elle ajoute : « la création et *les attributions* de la commission permanente. »

Le titre Ier traite des *prix et accessits*. Art. 1er : « Les estampes et photographies destinées aux prix et aux accessits devront reproduire, autant que possible, des compositions consacrées par l'admiration générale. Il faut qu'elles soient des œuvres d'art dans toute l'acception du terme. » Cette dernière phrase est retranchée et le mot *œuvres d'art* est substitué au mot *compositions*. L'article 2, où il est dit qu'on s'attachera de préférence aux compositions qui unissent l'intérêt du sujet à la perfection du style, est relié à l'article 1er et n'en forme plus qu'un avec lui.

L'article 3 devient l'article 2 : « Les prix consisteront en un portefeuille renfermant plusieurs estampes ou bien en une estampe unique destinée à être encadrée. »

Art. 3. — A côté des chefs-d'œuvre de la peinture, on admettra ceux de l'architecture, de la sculpture et des arts décoratifs. Ces dernières reproductions devront, *autant que possible*, être appropriées aux industries d'art spécialement représentées dans chaque région. Les mots *autant que possible* sont supprimés et remplacés par *de préférence*.

Art. 4. — Les accessits comprendront des estampes en plus petit nombre ou d'un format plus réduit.

Titre II. *Bonnes notes et bons points*. — Dans le choix des bonnes notes et bons points, on tiendra compte, dans une plus large mesure, des besoins de l'enseignement et de l'éducation. Sur la proposition de M. le Président l'expression *dans une plus large mesure* disparaît et on y substitue le mot *principalement*.

La série des résolutions étant terminée, la Commission apprécie les divers spécimens qui lui sont soumis et qui ont été déjà examinés par la Sous-Commission de l'imagerie.

M. Müntz donne lecture d'une liste de quinze gravures que l'Imprimerie nationale serait chargée d'exécuter et reproduisant des tableaux de maîtres, des statues, etc.

M. Delaborde demande si la *Vierge* de Lenoir, qui se trouve parmi ces gravures, est bien de nature à intéresser les enfants.

M. Hauréau dit que la Sous-Commission avait d'abord choisi exclusivement des sujets contenant un enseignement moral ; mais elle a craint d'ennuyer les enfants ou de les laisser indifférents.

M. Buisson dit que les Allemands fabriquent tout exprès pour les leçons de choses des images spéciales, que ce serait une idée bien française de faire les leçons de choses sur un beau tableau.

Mais, à d'autres points de vue, la liste dressée par la Sous-Commission a besoin d'être examinée. On ne peut faire reproduire par l'Imprimerie nationale tous les sujets proposés. L'Imprimerie nationale ne peut s'engager, en effet, à les fournir en abondance, et faire ainsi concurrence à l'industrie privée. Si ce ne sont pas des types, des indications données aux éditeurs, il serait préférable d'établir des catégories et de faire des propositions différentes, pour les écoles de garçons et pour celles des filles, pour les écoles primaires et pour les lycées. *Le Testament d'Eudamidas* et *le Serment des Horaces* intéresseraient médiocrement les enfants, tandis qu'ils seront compris par les élèves de l'enseignement secondaire.

M. Hauréau dit que si l'on exclut la mythologie et la théologie, les sujets deviennent rares. Il faut prendre dans l'école française et là encore ils ne sont pas très nombreux.

M. Guillaume propose de chercher au musée de Versailles.

La Commission décide de renvoyer à la Sous-Commission son projet, qu'elle voudra bien diviser en trois séries (écoles de garçons, écoles de filles, écoles secondaires). Elle fournira dix sujets pour chaque série. MM. Delaborde, Guillaume, Zévort sont priés de vouloir bien prendre part au travail de la Sous-Commission, qui se réunira le mercredi 16 mars, à neuf heures.

Divers spécimens sont jugés par la Commission : 1° Les bons points instructifs de la maison Hachette (botanique et industrie) sont approuvés ; mais une revision des légendes devrait être faite par une commission scientifique qui serait chargée de ce soin ;

2° Les images coloriées des *connaissances utiles*, publiées par la maison Delagrave, sont également prises en considération. Trois sont écartées à cause de l'inexactitude du dessin et des légendes.

3° Le serment du jeu de Paume, par M. Glück. Sur l'avis favorable de la Sous-Commission, M. le Directeur de l'enseignement primaire a commandé 3,000 épreuves de cette gravure.

4° Portraits de grands hommes reproduits par la photogravure (proposition de M. Goupil). La Commission invite M. Goupil à lui présenter des spécimens définitifs, mais, dès à présent approuve le procédé, qui donne des résultats satisfaisants à très bon marché.

La même résolution est prise concernant les vues de villes et de costumes soumises par l'éditeur Plon.

La proposition de M. Ravaisson (collection de photographies formant une histoire de l'art à toutes les époques) est renvoyée à la Sous-Commission des musées scolaires.

Les fac-similés d'aquarelles de M. Goupil sont également renvoyés à la même Sous-Commission.

Sont écartés le recueil de M. Moret intitulé *Histoire de l'art*, comme ne rentrant point dans le cadre de l'imagerie scolaire, et les photographies peintes de M. Lavialle de Lameillère, à cause de leur prix trop élevé.

Enfin, on a rejeté, en outre, pour l'insuffisance des dessins ou du coloris, les propositions de MM. Dolivet, Ducrock, Janniot, Planta et Colas, ainsi que les chromolithographies de la maison Hachette.

La séance est levée à midi.

Le Secrétaire,
ERNEST PELLETIER.

SÉANCE DU 21 MARS 1881.

La séance est ouverte à 9 heures et demie, sous la présidence de M. DE RONCHAUD.

Sont présents : MM. DE BAUDOT, BIGOT, BUISSON, DELABORDE, GUILLAUME, HAVARD, HAURÉAU, JANSSEN, MANTZ, MEUNIER, MÜNTZ, PELLETIER, le colonel RIU, ZÉVORT.

M. TRÉLAT s'excuse par lettre de ne pouvoir assister à la réunion.

M. LE SECRÉTAIRE donne lecture du procès-verbal de la précédente séance, qui est adopté.

La Sous-Commission de l'imagerie a préparé une liste de sujets d'estampes destinés à être distribués comme prix et accessits aux élèves des écoles primaires et des lycées.

16 sujets sont proposés pour les écoles de garçons. M. HAURÉAU engage la Commission à écarter *les Enrôlements volontaires* de Cogniet. Les personnages, déjà si petits dans le tableau original, seront à peine perceptibles dans la reproduction. M. JANSSEN demande qu'on maintienne ce choix à cause de l'importance de l'idée et de sa valeur patriotique. M. HAURÉAU présente la même observation relativement à *la Prise de Constantine* de Vernet. M. GUILLAUME obtient également le maintien de ce tableau en faisant remarquer qu'il est une des rares peintures de bataille où l'état-major ne soit pas au premier plan et n'absorbe pas tout l'intérêt du spectacle. C'est une victoire de soldats. L'ensemble importe surtout ici et l'on n'a pas besoin de voir le détail. D'ailleurs, tout en faisant la part des nécessités qu'entraîne tel ou tel procédé industriel, il ne faut pas y sacrifier les considérations morales et patriotiques qui doivent surtout guider la Commission dans ses choix.

Sur trois sujets de Prudhon, deux sont écartés et la Commission retient seulement *la Justice poursuivant le crime.*

La Charité de Raphaël est admise sur la liste; mais *la Marine*, figure allégorique du même, est écartée.

Le Départ de Rude n'est pas adopté, à cause du nu des personnages.

M. DE BAUDOT s'élève contre le choix qu'a fait la Sous-Commission de la façade intérieure du Louvre de Lescot comme spécimen d'architecture. Il dit que le Louvre n'est pas simple, n'est pas clair pour des yeux d'enfant et ne présente point le type de l'art français. Notre-Dame de Paris, par exemple, est un monument simple, qui s'explique à l'extérieur, et peut se comprendre sans études spéciales, et sans instruction préalable.

Il serait à désirer d'ailleurs qu'on offrît aux élèves une série de monuments empruntés aux diverses époques : Égypte, Grèce, Rome, Moyen Âge, Renaissance. Ce serait un abrégé de l'histoire de l'art qui éveillerait la curiosité de l'enfant et lui permettrait de comparer et d'apprécier.

M. Guillaume dit qu'on n'a pas prétendu que le Louvre fût le chef-d'œuvre unique ; mais comme on ne peut, dans le projet d'album, donner toute la série des monuments des diverses époques de l'art, il a bien fallu s'arrêter à un type. Les autres ne sont pas exclus. D'ailleurs la façade de Lescot est belle et simple. Elle n'est point surchargée par l'ornementation. Ce qu'elle peut avoir de somptueux explique très bien à l'extérieur la destination du monument : salles de fête et d'apparat où trônait la majesté royale.

M. Delaborde fait observer que la sculpture n'est pas représentée dans la liste des objets d'art énumérés. Il propose la reproduction de *Milon de Crotone* de Puget, qui est adoptée.

Le choix de dix sujets pour les écoles de filles est approuvé par la Commission.

Une liste de vingt sujets destinés à former un album pour les lycées et collèges est ensuite examinée.

La liste des tableaux est adoptée. Pour l'architecture, on reprend l'idée émise par M. de Baudot et la Commission s'arrête à la série suivante : Philé pour l'art Égyptien, le Parthénon pour l'art Grec, l'arc de Titus, Notre-Dame de Paris, la Cour du château de Blois et le Garde-Meuble, pour les autres époques de l'art.

L'ordre du jour appelle la lecture du rapport de la Sous-Commission chargée d'étudier les questions relatives aux projections lumineuses.

M. Stanislas Meunier, auteur du rapport, en donne lecture à la Commission. Les conclusions en sont adoptées à l'unanimité.

M. Stanislas Meunier dit, en substance, que l'introduction des projections lumineuses dans la pratique courante de l'enseignement constituera l'un des plus grands progrès pédagogiques de notre époque. Les programmes scientifiques récemment élaborés, fondés avant tout sur l'observation de faits naturels, laissent percer, à chaque ligne, cette tendance excellente de ne vouloir jamais imposer aux élèves des allégations sans preuve. Désormais, les professeurs ne tenteront plus de faire accepter les faits scientifiques comme de simples articles de foi ; au contraire, ils ne regarderont leur tâche comme terminée que si leurs auditeurs savent soumettre les notions acquises à une critique sévère.

Or, la meilleure preuve de l'existence des choses dont on parle consiste à les montrer.

Cependant tout le monde n'est pas unanime quant au développement à donner à l'enseignement par l'aspect. Beaucoup de personnes pensent que cette méthode n'est vraiment à sa place qu'au début des études. Elles croient, en outre, qu'on ne saurait la faire intervenir utilement que dans un petit nombre de branches de nos connaissances.

La Sous-Commission estime que cette opinion doit être abandonnée.

Tout le monde comprendra, par exemple, combien le professeur d'histoire aurait sa tâche facilitée s'il pouvait transporter son auditoire au milieu des nations dont il parle : devant les pyramides quand il expose la civilisation égyptienne, devant le Parthénon quand il traite de la Grèce.

On sent de même la netteté des idées que le maître de géographie déposerait dans l'esprit des élèves, s'il remplaçait les simples descriptions orales auxquelles il a dû se borner jusqu'ici par une vraie excursion dans le monde entier ; s'il montrait les docks, les rues de

Londres, les temples de l'Inde, les forêts vierges du Brésil; — et s'il joignait à ces sites, à la vue des contrées celle d'un certain nombre de leurs habitants avec leurs costumes, leurs outils, leurs armes.

Grâce aux photographies sur verre, scrupuleuses d'exactitude, que nous possédons maintenant et qui proviennent de toutes les régions de la terre, il est facile, avec l'appareil de projection, d'atteindre ce but.

Dans un tout autre ordre d'idées, on conçoit l'avantage de faire assister toute la classe aux faits naturels : à la rotation de la terre autour du soleil et de la lune autour de la terre ; à la production des éclipses ; à la manifestation des aurores boréales, à l'explosion d'un bolide, etc.

De petits mécanismes très simples et partant peu coûteux donnent le moyen de les projeter sur un écran avec leurs mouvements.

Il est même des circonstances où l'on peut faire plus encore : les phénomènes de la chimie et ceux de la physique sont, à nos ordres, tout prêts à se produire dès que nous le désirons. Seulement, au moins pour un certain nombre, ils sont extrêmement délicats. Pour les observer, il faut un soin dont tout le monde n'est pas capable, et il est nécessaire d'en être très rapproché, ce qui n'est pas possible, au moins simultanément, pour tous les élèves d'une classe. Or, en agissant comme un véritable microscope, l'appareil à projection permet à tous les auditeurs d'assister à des spectacles tels que ceux-ci : la résolution de l'eau dans ses éléments gazeux ; le dépôt de l'argent métallique arraché à l'un de ses sels par le courant de la pile et se concrétant sous forme d'arborisation — une solution saline cristallisant par évaporation, etc.

De la même manière, on rend visibles à toute une classe des objets trop petits pour être naturellement perceptibles à l'œil nu : les détails des tissus des plantes et des animaux ; les globules du sang ; les animalcules microscopiques placés *en nature* dans l'appareil.

Et, de même que l'accès de l'infiniment petit est ainsi ouvert, nous pouvons pénétrer dans l'infiniment grand. Les photographies obtenues au télescope amèneront réellement sous les yeux des élèves le soleil avec ses taches et ses protubérances, la lune avec ses montagnes, les planètes, les nébuleuses elles-mêmes.

Comme on voit, les objets à projeter consistent avant tout en photographies d'après nature. Ordinairement, on devra s'abstenir de projeter des reproductions de gravures qui, à cause de l'amplification de tous les traits, deviennent en général très grossières.

Cependant, il faut faire une exception pour les cartes de géographie. Car ce n'est pas un des moindres mérites de l'appareil de convertir de tout petits croquis, exécutés sur verre ou sur corne d'après les documents les plus récents en vastes cartes murales.

Pour l'histoire naturelle, une foule d'objets pourront être transformés directement en tableaux propres à la projection. De minces tranches de végétaux, les parties fines des plantes et des bêtes, certains animaux tout entiers, comme des insectes, n'ont besoin pour cela que d'être comprimés entre deux verres, avec une goutte d'un baume transparent.

La Sous-Commission ne se dissimule pas que, dans l'état actuel des constructions scolaires, on ne saurait avoir recours à chaque instant à la méthode des projections, ne serait-ce qu'à raison de l'obligation où l'on est d'opérer dans l'obscurité.

On se tirera d'embarras en réservant, dans chaque cours, un complément de détails sur les objets à projeter pour des séances spéciales, qui passeront aisément, aux yeux des enfants, pour des moments de délassement.

Mais nous estimons que cette disposition doit être purement transitoire. Il faut arriver le plus rapidement possible à avoir, dans chaque classe, l'appareil sous la main du professeur toujours prêt à fonctionner. Il faut qu'au moment utile il n'y ait qu'un rideau à tirer devant la fenêtre, un écran à baisser au fond de la salle et la lampe à allumer.

Qu'on ne craigne pas la perte apparente de temps qui en résultera. La très légère distraction ainsi produite aura pour effet d'empêcher la fatigue chez l'élève et de maintenir son attention éveillée.

M. BIGOT expose les idées de la Sous-Commission des musées d'art scolaire, en ce qui concerne les établissements d'enseignement secondaire.

Pour les lycées et les collèges où le *minimum* seulement pourra être introduit, il convient d'adopter les mêmes dispositions que pour les écoles primaires. Mais dans beaucoup de ces établissements, une salle spéciale pourra être affectée au musée. On y réunira les moulages, les estampes, les médailles, etc. L'idée de l'histoire de l'art devra présider à la composition de la collection, qui formera un complément précieux pour l'enseignement de l'histoire en général. Il est à souhaiter que le professeur y conduise lui-même les enfants, ou encore, pour les objets de petite dimension, qu'on les apporte à l'occasion dans la classe.

Dans nos lycées et même à l'École normale, l'enseignement laisse à désirer au point de vue de cette pénétration mutuelle de l'art, de la littérature et de l'histoire.

Outre l'institution du musée d'art, on pourrait rechercher et faire distribuer aux élèves les ouvrages spéciaux propres à inspirer le goût de ce genre d'études : le dictionnaire de Rich, par exemple.

M. ZÉVORT dit qu'il accepte toutes les conclusions de la Sous-Commission; qu'on se préoccupe de donner satisfaction, dans l'enseignement secondaire, au désir qui vient d'être exprimé; que la Commission des livres notamment s'est déjà placée à ce point de vue.

M. DE BAUDOT dit qu'on pourrait instituer des conférences faites par des hommes spéciaux : artistes ou archéologues ; car ce qui manque aux élèves manque aussi à la plupart de leurs professeurs ordinaires.

M. ZÉVORT répond qu'une pareille institution serait possible à Paris, mais non en province, où l'on trouverait peut-être un personnel pour certaines spécialités, mais où il se rencontrerait peu d'hommes possédant des idées générales et en état de les transmettre aux écoliers.

M. HAVARD propose d'organiser des promenades dans les musées et d'exiger des élèves une relation ou récit de leurs promenades.

M. ZÉVORT fait observer que dans beaucoup de localités il n'y a pas de musée.

M. GUILLAUME dit qu'il serait toujours possible d'exercer les jeunes gens en leur faisant exprimer leurs sentiments sur les monuments ou même les beautés naturelles des lieux où ils sont élevés. D'ailleurs, il se manifeste un mouvement d'ensemble très remarquable en vue de la création de musées cantonaux, régionaux, etc. Bien peu de contrées en seront complètement dépourvues.

M. le Président dit que pour que ces promenades soient fructueuses, il faut que les élèves aient déjà une certaine éducation artistique. Le musée du lycée la leur donnera.

M. Delaborde rappelle que cette lacune dans l'enseignement secondaire a été signalée depuis longtemps déjà, et qu'il y a huit ans le Conseil supérieur a été saisi d'une proposition tendant à introduire l'histoire de l'art et l'archéologie à l'École normale. On a objecté le manque de temps et le projet n'a pas eu de suite.

M. Zévort ajoute que, pour donner une sanction à ces études, il faudrait, après les avoir introduites à l'École normale, les ajouter aussi aux diverses agrégations.

M. le Président dit que, parmi les objets destinés à figurer dans le musée, la Commission a examiné les photographies de M. Ravaisson et les a adoptées comme documents.

M. Bigot rapporte une pareille décision relative aux aquarelles de M. Goupil, qui ont été admises en principe et renvoyées, pour le choix à faire, à la future commission permanente.

M. Buisson demande à la Commission de vouloir bien désigner un de ses membres pour rédiger un rapport d'ensemble, destiné à faire connaître au public les travaux de la Commission et l'esprit qui y a présidé.

M. Charles Bigot est prié de faire ce rapport; il demande un délai de trois semaines. La prochaine réunion est fixée, en conséquence, au lundi 11 avril.

Avant la clôture de la discussion, M. de Baudot rappelle qu'il est une question qu'en l'absence de M. le Directeur de l'enseignement secondaire, on a laissée sans solution : c'est le principe des décorations permanentes dans les salles de classe des lycées.

M. Zévort désire qu'aucune distinction ne soit faite sur ce point et que les décorations permanentes ne soient point bannies en principe.
La Commission émet un vote en ce sens.

M. Guillaume demande qu'il soit pris acte des réserves de M. Trélat sur cette question.

La séance est levée à midi.

Le Secrétaire,
Ernest PELLETIER.

TABLE DES MATIÈRES.

www.ingramcontent.com/pod-product-compliance
Ingram Content Group UK Ltd.
Pitfield, Milton Keynes, MK11 3LW, UK
UKHW022108070726
13613UKWH00002B/988